Tiziana Mattera

Las CARTAS de las DRÍADES

Los espíritus de los árboles sanadores

Por la autora de

Las cartas de los elfos, las hadas y los duendes

EDICIONES OBELISCO

Si este libro le ha interesado y desea que le mantengamos informado de nuestras publicaciones, escríbanos indicándonos qué temas son de su interés (Astrología, Autoayuda, Psicología, Artes Marciales, Naturismo, Espiritualidad, Tradición...) y gustosamente le complaceremos.

Puede consultar nuestro catálogo en www.edicionesobelisco.com

Colección Nueva conciencia
LAS CARTAS DE LAS DRÍADES
Tiziana Mattera

1.ª edición: noviembre de 2010
3.ª edición: junio de 2022

Título original: *Le carte delle driadi*
Traducción: *Rolando d'Alessandro*
Maquetación y diseño de cubierta: *Marta Rovira*
Corrección: *M.ª Jesús Rodríguez*

Edita: Ediciones Obelisco, S. L.
Collita, 23-25. Pol. Ind. Molí de la Bastida
08191 Rubí - Barcelona - España
Tel. 93 309 85 25
E-mail: info@edicionesobelisco.com

ISBN: 978-84-9111-661-5
Depósito Legal: B-17.883-2020

Printed in China

A los Hermanos y Hermanas,
Maestros pacientes que encontré
a lo largo del camino y que me permitieron,
aunque vistiendo nuevas ropas, reconocerlos.

En un pequeño claro, suavemente abandonado
en el abrazo protector del bosque,
un Fuego espera ser despertado.
El Fuego es sagrado y el humo
que sube en espirales danzantes
hacia el cielo del atardecer
purifica y lleva mensajes y ruegos
a los Mundos de Luz...
El Espíritu de un Árbol
es su Guardián femenino:
Su «puerta de acceso» secreta...

Presentación

«Yo vivía antaño en un rincón del mundo o, mejor dicho, en un rincón del mundo empezó mi existencia en esta Tierra. Mi nombre… Oh, no tiene importancia, pero alguien me llamaba con la palabra que brotaba de su corazón.

Todo empezó el día en que llegué oculto en la tierra de un bonito tiesto de arcilla, junto con mis hermanos… Ailim, que era entonces un niño de siete años y que ahora vive, al igual que yo, su inmortal Vida de Sueño, sigue guardando el tiesto como recuerdo de ese testimonio… Fue un viejo de largo pelo y barba blancos, vestido con una larga túnica azul, quien llegó en ese importante día cerca de la casa del pequeño Ailim. Le acogieron con gracia y amabilidad en aquella pobre casa de ese rincón de mundo desierto, donde el sol lo secaba todo, puesto que nada podía contrastar su vehemencia con el refrigerio, fresco y agradable, de una sombra. Y no había humedad en el aire, porque ríos y mares se hallaban muy lejos, y ni siquiera un poquito de lluvia mojaba la arena sedienta y agotada…

Así que el viejo le hizo a Ailim un presente especial: una pequeña vasija de barro llena de tierra esponjosa y negra, y un frasco de cristal azulado con un cuentagotas, lleno del agua de una fuente misteriosa y purísima. La botellita llevaba escrito: «Líquido Sagrado». El pequeño Ailim recibió aquel regalo con ilusión, porque nunca antes había visto una tierra tan bonita, húmeda y perfumada y un líquido tan transparente y luminoso. El viejo le pidió que cuidara del regalo y que mojara cada día, con tres gotas de la preciosa agua, la tierra de la vasija.

Todo ello ocurría cuando mis hermanos y yo éramos aun pensamientos que dormían en la cáscara de las semillas custodiadas por la tierra de aquel modesto tiesto... Fue el amor del pequeño Ailim lo que nos despertó y nos dio la fuerza necesaria para romper la cáscara y afrontar una nueva existencia, hasta que llegó el momento de dejar el pequeño tiesto y pudimos ahondar nuestras raíces en lo que pronto ya dejaría de ser un desierto... Muy pronto, en efecto, el viento nos sintió y llamó a las nubes, que trajeron la lluvia y una nueva vida empezó por nuestros pies y se extendió alegre por doquier.

Muchos años pasaron antes de que me hiciera lo bastante fuerte para generar semillas abundantes y preciosas y otros pasaron hasta que llegó el momento de mi descanso. Y aquel que era antaño el pequeño Ailim, crecido entre nuestros brazos frondosos, escuchando nuestras historias como enseñanzas de vida, es ahora un... viejo con largo pelo y barba blancos, vestido con una túnica azul que, con la sonrisa en los ojos y el corazón, viaja por el mundo regalando pequeños tiestos de alfarería llenos de tierra en los que duermen nuestras semillas a niños y niñas que viven en algún lugar del mundo y que nos necesitan, a nosotros y a nuestro Amor.

Donde haya un desierto puede nacer un bosque, y este "milagro" empieza por tu corazón... porque la primera semilla se abre justamente allí...»

Árboles... Pienso en las forestas, extensiones enteras de guardianes verticales de cabelleras que se expanden hacia el cielo... Vuelvo a sentir con la memoria el perfume intenso y salvaje del bosque bajo que sube en espirales hasta mi nariz, así como el cálido y sutil de los troncos de los árboles. Oigo con el corazón el sonido de las ramas agitadas apenas por la brisa y el murmullo de las hojas en las cimas bañadas por los rayos de sol. Bosques y forestas cruzados por nuestros pasos pautados, tranquilos... mientras los pensamientos se apaciguan y dejan paso al silencio. El silencio que confía en la Belleza y en el sabor dulce y misterioso de la

Vida; que la encuentra y vuelve a acogerla en el corazón. El silencio que es paz del alma y en el cual se revelan otras Presencias... Todo alrededor se vuelve vivo y las siluetas de los árboles parecen animarse con sus personalidades, cada una con sus características.

Unos parecen erguirse en pensamientos solitarios, apartados, en su soledad, aunque formen parte de un grupo, otros casi parecen querer salir de sus raíces y venir a tu encuentro para charlar.

Algunos se ven ensimismados, perdidos en reflexiones profundas, como una oración. Árboles jóvenes, acabados de nacer, con hojas de un verde tierno y brillante, bajo la mirada de sus guardianes más viejos, son suaves y delicados como niños que se asoman curiosos a la vida... Los rayos del sol tiñen el suelo de círculos de oro, con juegos de luces y sombras... Y muy pronto, paseando entre ellos, nos sentimos acogidos por una hermandad de amigos deseosos de compartir contigo, que sabes reconocerlos más allá de sus apariencias, su alegría de Vivir... Presencias de Vida, manifestaciones del mismo Amor que late en ti...

El pueblo verde que acompaña los pasos del hombre desde tiempos sin memoria, que respira para su respirar, que escucha e inspira sus sentimientos, que calma sus angustias... Y el silencio en el bosque es la nota básica, profunda e imperturbable, entre los sonidos impalpables, entre los mil leves murmullos que sólo el oído del corazón puede escuchar y traducir en palabras... Los árboles están... hablando.

Un día hace muchos años recibí la breve y sin embargo elocuente narración que abre esta presentación. Simple en su contenido, que tal vez alguien definiría como obvio. Y sin embargo si nos explican hoy, como ayer, esta historia es para dirigir nuestro interés hacia lo que tal vez no miramos con suficiente atención… ¿Cuántos desiertos interiores hemos dejado crecer dentro de nosotros? ¿Cuántas zonas de la tierra fértil que es nuestra alma hemos dejado yermas? ¿Y qué representa esa agua preciosa si no lo verdadero y sacro que puede devolvernos a la Vida?

De modo que cada elemento de ese breve cuento se convierte en una metáfora, clara y legible con el instrumento óptico de nuestra sensibilidad interior… Es un cuento de esperanza, de promesa y de acción. Porque nos corresponde a nosotros, a nuestro compromiso, sembrar los Dones que hayamos recibido y cuidarnos de ellos, de nosotros, cada día, para que, una a una, aquellas pequeñas semillas crezcan como árboles grandes y magníficos, con fuertes raíces que los mantengan firmes en nuestra tierra interior, repoblada y fértil de Vida.

Había ido, ese día, en busca de un equilibrio, de una armonía que se había apartado algo de mí o, a decir verdad, de la que yo me había apartado poco a poco, mientras deambulaba interiormente a ciegas, intentando imponer una tregua en la lucha entre una mente prevaricadora y un corazón amargado… Me detuve ante un círculo de cinco árboles espléndidos y majestuosos. Cada uno de ellos tenía mucho más que el doble de mis años. Una gran roca plana se encontraba allí, como un asiento, acogedor. Me senté, saqué una pequeña libreta y un bolígrafo que a menudo llevo conmigo y cerré los ojos.

El silencio que me rodeaba pronto se abrió camino dentro de mí, suavemente solícito como sólo «ese» Silencio sabe ser… Mi ruego interior al Manantial de la Vida, mi urgente necesidad de paz y claridad, se manifestó con fuerte emoción, con un grito del alma, asentándose luego en el Corazón mismo del Silencio. Ahora todo callaba. Dentro y fuera de mí. Ningún sonido, ni el viento, ni el canto de los pájaros, ni el zumbido de los insectos... Todo se había parado, como reteniendo el aire para dar todo el espacio a la Voz, a la Respuesta... que llegó suave como las alas de una mariposa, dulce como la miel en el timbre cálido y profundo de una Voz que se encontraba en mi interior y al mismo tiempo allende; una Voz que los oídos no podrían oír... Y recibí el cuento que acabáis de leer y que también vosotros, ahora, habéis recibido.

¿Fue un regalo de los árboles? ¿Del Deva, el Ángel que mora en su contraparte sutil? ¿O bien del Espíritu Eterno que vive en el corazón de todas las cosas, de cada árbol y Deva, de cada criatura, de cada hombre y mujer, de cada átomo de los Universos? ¿Fueron las gotas de «Ese» líquido sagrado que se convirtieron en palabras, en cuento... en respuesta, transmitiéndose con olas beneficiosas hasta bañar mi reseca orilla? La Voz que, repleta de Amor, cruzó el corazón del Silencio para hablar desde los invisibles labios de los árboles.

Un regalo bajo forma de cuento para el niño rebelde que guardamos dentro, ofrecido a las manos amorosas de aquel que finalmente aceptó crecer, que aceptó el Don de la Vida para devenir Maestro de sí mismo, lleno de la felicidad que procede del Amor vivido... Hasta que nuestros «sí» y nuestros «peros» tomen el lugar de nuestras decisiones y nuestras acciones, las mejores intenciones y nuestras más profundas comprensiones tengan la estructura evanescente de un hilo de humo... El Maestro que vive en cada uno de nosotros nos incita a concretar la Verdad que se despierta en la pureza de nuestro corazón. Nos insta a ser adultos conscientes de nuestra propia Naturaleza Sagrada, para convertirnos en el Humano verdadero y completo que aún duerme dentro de nosotros; el que fue creado a «Imagen y Semejanza» de su Creador… para que como una «foresta verde y exuberante» la Humanidad, reunida en un Respiro único, en un único Fin, viva y celebre la Vida en todas sus manifestaciones.

Antaño bosques y selvas se extendían por doquier en gran parte de la Tierra. Los árboles tenían la misión de ser sus guardianes, testimonios vigilantes de una Armonía Celestial que debía comunicarse al corazón de las demás criaturas que ya no sabían reconocerla. Siempre ha habido algo «especial» y misterioso que el hombre ha advertido en los árboles. El árbol a menudo ha sido puesto en el centro de una simbología que le otorga un carácter sagrado. Es un árbol que acoge al Buda en el momento de su Iluminación suprema. Tiene forma de árbol el símbolo cósmico de la eterna creación y regeneración de la Vida en muchas culturas del pasado, tanto orientales como occidentales, desde Egipto a Mesopotamia, desde Grecia a la India, a las Américas, a África, a China, a Europa, a los archipiélagos oceánicos.

Un árbol es el de la Vida en el jardín del Edén de la tradición bíblica y es un árbol el del Conocimiento del bien y del mal: el símbolo de nuestro libre albedrío frente a la elección de la dualidad. El árbol a menudo ha sido el protagonista de un sinfín de leyendas, cuentos, composiciones poéticas en todas partes del mundo. Entre los pueblos celtas de la antigua Europa existía un calendario arbóreo y un alfabeto que tenía su origen en la simbología de los árboles, empleado básicamente por los druidas, además que como forma de escritura, también por su carácter mágico, ritual y para la adivinación.

Desde los tiempos más remotos, en definitiva, los árboles han sido considerados sagrados, objetos del respeto y del culto de los hombres. Antaño se les honraba no sólo por lo que podían representar para el hombre en lo físico, como fuentes de alimento, de resinas, de madera, de medicamentos. ¿Qué es lo que los hizo tan importantes, hasta convertirlos en divinidades, si no un «algo» que a través de ellos le susurra al corazón del hombre? ¿Si no es el hecho de que son un arquetipo, un símbolo viviente de lo que aún duerme en los seres humanos? Símbolos de Vida, Armonía, Abundancia, Eternidad que el hombre todavía rechaza, encerrado en sí mismo como un testarudo niño enfadado; en un juego de contrarios que ha perdido su encanto a lo largo de los milenios. El árbol y el hombre se parecen.

«Mira –parece que diga el verde amigo de siempre– igual que tú nazco de una semilla en la que Dios puso su chispa de Vida. Es esta chispa la que me contiene y que contiene mi bosque que vendrá... así como la chispa que hay en tu interior te contiene, y ya se encuentran presentes todos los Dones Divinos que magnificarán tu desarrollo y tu devenir. En la semilla de ambos se encuentra todo el Universo. En la semilla que hay en mí, así como en la que hay en ti, hay todo el esplendor que contiene. Observa cómo de la primera eclosión de la semilla nacen ya mis raíces. ¿Pueden crecer en la arena árida, o en la roca dura o en el agua movediza? No, ahondan sus raíces en la negra tierra fértil, que es la Abundancia que se me ofrece. Así la savia, mi esencia vital, hace crecer mi cuerpo y se concreta en mis ramas, en mis hojas y flores y frutos...»

También para nosotros es así. Sin raíces en ésta, nuestra tierra interior, y sin su alimento no podemos concretar nada realmente bello y bueno fuera de nosotros. Nuestras hojas, nuestras flores y nuestros frutos son el símbolo de nuestras intenciones, de nuestras aspiraciones y de lo que convertimos en actos, en ser, con nuestras acciones. Lo fundamental, por tanto, es observar aquello a lo que hemos permitido echar raíces dentro de nosotros, en el «bien» y en el «mal» que interpretamos durante la experiencia de la dualidad. Algunos de esos «árboles» tal vez deban arrancarse, porque su fruto es amargo; otros podados, cuidados y abonados con ideas más verdaderas de nosotros mismos y de la Vida.

El Árbol Cósmico se halla invertido: sus raíces están en el Cielo mientras que sus ramas se extienden hacia la Tierra. Cuando el árbol de nosotros mismos alarga sus ramas hacia el Cielo podemos sentir cómo se entrelazan y se unen con las ramas del Árbol Cósmico, y comprender que nuestros frutos son el resultado del eterno, abundante y divino alimento que del árbol sagrado brota sin cesar hacia nosotros. Entonces podemos experimentar la dulzura de la Savia que fluye por nuestro cuerpo: la Ambrosía que insufla la Vida en todo lo que de realmente Humano duerme, todavía semilla, en nosotros. Nos enseñaron que «el Hombre es el rey de esta Tierra» y que aquí, en esta manifestación, se encuentra el Reino de Dios... en el Hombre. No del hombre que ha perdido la memoria de su Origen y de su Naturaleza Celestial, que ha asido y quiere asir todas las cosas para poderlas dominar en su ansia de poder, sino de aquel que se ha vuelto a encontrar a Sí mismo, reconociendo el Poder que le dio origen, que ha encauzado sus rebeliones en el Amor y lealtad hacia su misma Divinidad reconquistada.

En la exquisitez de un fruto que cogemos de un árbol están el símbolo y la promesa del fruto de nosotros mismos y de todos los frutos que saldrán de nuestras semillas. Cuando de forma indiscriminada talamos los árboles ¿comprendéis lo que pretendemos afirmar de forma inconsciente? Cuánta rebelión infantil y cuánta cólera siguen albergando en nosotros; cuánto orgullo que quiere mantenernos alejados de nuestra verdadera Morada... Nos molesta que el árbol nos lo recuerde, porque sabemos que desde el momento de nuestro primer tibio despertar, tenemos que detenernos con auténtica humildad y aplicarnos a fondo para hacer limpieza de todas nuestras falsas apariencias, de todas nuestras máscaras. Y, sin embargo, cuántos ya han experimentado el momento de desesperado anhelo de Vida que los ha detenido ante la imagen fabricada de sí mismos. Y ese reconocimiento ha despertado su humildad en el instante en que han visto otro Rostro reflejarse en ellos mismos. Un Rostro familiar y querido que habían perdido desde la noche de los tiempos. Cuántas veces las lágrimas brotadas por fin de sus corazones han limpiado las capas de prendas que envuelven las almas, mientras se despertaban con el refrigerio de un bálsamo olvidado.

La Naturaleza entera está aquí para ayudarnos a despertar nuestro «recuerdo supremo», es decir, quiénes somos en realidad y por qué estamos aquí. Cuando las corrientes estabilizadoras que ella vehicula vuelven a traer a nuestra alma paz y bienestar y la mente sometida a sus frecuencias vuelve a encontrar su estado natural, la Belleza y la Armonía que la Naturaleza transmite pueden emocionarnos, inspirándonos sentimientos elevados, porque son un reflejo Divino en el cual también nuestra alma se refleja, estimulando, a través de la «incomprensible» sensación de nostalgia que hace surgir en nosotros la necesidad de buscar ese «algo» profundamente amado y perdido. A lo largo de los últimos siglos nos hemos demostrado a nosotros mismos que somos capaces de satisfacer nuestras necesidades materiales, para asegurarnos lo que llamamos progreso. Sin embargo, para hacerlo hemos alterado cada vez más el equilibrio natural de nuestro planeta, ya que nuestra búsqueda ha tomado el único camino en el que queríamos ver la vida.

Hemos rechazado justamente una «espiritualidad» que durante siglos no nos dio la verdad, ni mucho menos la felicidad que nos prometía, así que hemos intentado procurárnoslas con la ayuda de nuestras ingeniosas capacidades mentales: ciencia y religión se han separado, dividiéndonos entre «espíritu» y «materia». Ahora que, en cierta manera, empezamos a estar «hartos» de toda esta «materia» que nos hemos concedido, se despierta en nosotros una nueva conciencia, que nos sugiere que lo que andamos buscando se encuentra más bien en el camino donde espíritu y materia se funden en una única «sustancia». En este tiempo está naciendo una nueva espiritualidad más sincera, porque estamos aprendiendo a reconocer paso a paso que nuestra conquistada individualidad es parte de un conjunto.

Cuando nuestros «dos ojos» puedan abarcar en una sola mirada la realidad, el mundo entero se nos mostrará como un organismo vivo no separado de nosotros. La ciencia en la actualidad ya lo está demostrando... Puede que encuentre nuevos nombres para lo que llamamos Espíritu, sacro, Divino y por supuesto está ofreciendo una clave de acceso a él, pero tal vez la suya siga siendo todavía una búsqueda exclusivamente mental... Lo Sacro y lo Divino se hallan presentes en lo que denominamos materia; la Naturaleza, en sus distintas manifestaciones, representa el punto de conexión que puede facilitarnos el reconocimiento de lo Sacro y de lo Divino en nosotros, a través del camino espontáneo e intuitivo del corazón.

La Naturaleza influye en nuestra Naturaleza interior y cuando la destruimos y la modificamos, cuando nos alejamos indiferentes de su alma, nos estamos privando a nosotros mismos del necesario y beneficioso Alimento de nuestra alma… Los Árboles viven profundamente inmersos en el Alma del Mundo y cuando manifestamos un gran aprecio por ellos y por la Naturaleza, ellos establecen de inmediato un contacto con nosotros, y el reino dévico, el aspecto espiritual de la Naturaleza, se acerca suavemente, de modo que nuestra alma pueda penetrar en el aura del Alma del Mundo conectando con Ella de forma más consciente.

Antaño las forestas representaban para el hombre el templo exterior donde celebrar el Manantial interior que alimenta la Vida de todas las cosas, las columnas arbóreas parecían rozar el cielo y aguantar su bóveda, mientras que abajo, en el recogimiento de los claros, los hombres celebraban y oficiaban rituales y sacrificios a la divinidad.

Los árboles, primeros habitantes de nuestro planeta, siempre estuvieron con nosotros, compañeros y aliados en nuestra aventura humana. El mundo vegetal posee una sensibilidad que para unos sigue siendo ajena, convencidos, idea muy humana, de que es vivo y sensible sólo lo que se mueve y se expresa con un lenguaje. Acostumbrados como estamos a comunicar con los gestos y la voz nuestras emociones y nuestros pensamientos, la voz de los árboles no nos llega con facilidad. Y, sin embargo, cada uno de ellos no sólo tiene un lenguaje, sino que incluso ha llegado a desarrollar un carácter, cierta «personalidad», que responde con olas de sentimientos a nuestras emanaciones de energía emotiva. Sabemos que los animales saben reconocer nuestras emociones y la cualidad de nuestras vibraciones y no se dejan engañar por nuestros comportamientos externos.

Los árboles tienen la misma capacidad y reaccionan a lo que somos según relaciones que nosotros definiríamos de simpatía o de antipatía. Cuando detectan nuestras vibraciones negativas, sobre todo hacia ellos, se protegen emanando, a su alrededor y del lugar donde moran, un aura que sentimos extraña y poco acogedora. También por esta razón a ciertas personas los bosques les parecen lugares siniestros y misteriosos. Por el contrario, cuando nuestras vibraciones son más ligeras, abiertas, amistosas, los árboles nos reciben con los mismos sentimientos. El hecho de que en general los humanos no logren entender la sensibilidad de las plantas no debería ser un motivo para negarla. En particular, cuando entramos en el aura de un gran árbol animados por buenas vibraciones y expresando sentimientos amorosos, éste no sólo nos acoge y responde, sino que al mismo tiempo transmite la armonía y el amor que emanan de nosotros a todos los árboles, no sólo los cercanos, sino de todo el planeta. Un árbol con el que hayáis establecido un contacto amistoso envía vuestra amistad a todos sus verdes hermanos y si pudierais ir, en tiempo real, a un bosque al otro lado del mundo, aquellos árboles os reconocerían. Puede parecer una exageración y sin embargo es así para los árboles y todas las demás especies vivientes.

Comunicamos a través de campos de energía que nos conectan unos con otros. Según la conciencia que hemos desarrollado nuestro campo se extiende hasta abarcar la vibración de conciencia de otras especies, de otras realidades, de «nuevas» verdades. Conocéis, por supuesto, la historia de Francisco de Asís, que se comunicaba con los animales y la naturaleza. Puede que el suyo sea el ejemplo más famoso, sin embargo son muchas más las almas humanas que hicieron y hacen lo mismo, y ello nos debería sugerir que el ser humano guarda en sí mismo esta cualidad.

He podido comprobar lo que estoy explicando no sólo a través de un contacto sensible, sino también con la ayuda de un aparato totalmente tangible y científico, de una forma que todo el mundo, sin distinciones, puede comprobar. Se trata de un aparato que, conectado mediante un sensor a una hoja o a una rama, graba su «voz», transmitiendo sus emociones y sentimientos bajo forma de sonidos. Pues bien, sí, los árboles cantan... un canto maravilloso, que sube de intensidad y armonía cuando el árbol es abrazado, acariciado, loado por su belleza y se le agradece su amor. Si hace un tiempo se me podía considerar «al límite de la razón humana» cuando compartía la alegría de su canto, que percibía a través de cierta sensibilidad que poseo, hoy gracias a la ciencia esta encantadora escucha es posible para cualquiera que lo desee. Naturalmente, esta sutil sensibilidad de los árboles es propia de todo el reino vegetal. Sensibilidad, memoria y, por ende, una inteligencia que ya la mayoría admite, han sido atribuidas a los árboles por los estudios realizados a principios del siglo XX por el investigador indiano J.C. Bose. Muchos conocen la respuesta que reciben del amor que abocan en las plantas en sus pisos o jardines.

Hace unos años en mi apartamento había reproducido una diminuta foresta. Las plantas en tiestos ocupaban mucho del espacio que hubiera correspondido a los muebles. Se encontraban a gusto haciéndose compañía. Sin embargo, cada vez que por trabajo me ausentaba unos días, me daba mucho trabajo asegurarles el agua necesaria. Una vez mi ausencia se alargó durante un mes. Era pleno verano y tanto el lugar donde vivía como el mismo apartamento eran calurosos, bochornosos hasta lo insoportable.

Antes de irme había hecho todo lo posible por las plantas, pero me daba cuenta de que la reserva de agua no iba a ser suficiente para todo el período de mi ausencia. Cada día las contactaba desde mi interior enviándoles palabras de aliento, con la esperanza de que les llegara todo el amor que iba con ellas. Una noche en sueños vi cómo una de ellas emanaba de repente un resplandor y luego, poco a poco, volvía a absorber la energía luminosa a través de las hojas y las ramas, hasta las raíces. La luz se apagó y supe que la plantita había dejado su parte física. A mi vuelta, me detuve un instante ante la entrada sin decidirme a abrir la puerta. Temía encontrarme con un cementerio de plantas. Soy incapaz de describir la alegría que sentí al encontrar a todas mis amigas vigorosas e incluso crecidas. Bueno, también su alegría por mi regreso fue grande... Estaba emocionada por su gratitud y me felicité con todas ellas, una a una, sintiendo cómo me llenaba el amor que se me concedía recibir a través de ellas. La pequeña planta del sueño, en cambio, estaba seca: había realmente retirado su energía vital. El contacto que habíamos establecido en la distancia nos permitió encontrarnos y despedirnos... También en el caso de los grandes árboles, en el instante en que abandonan el plano físico, es posible ver sus energía vital estallando hacia el cielo con una poderosa luz blanca, bajando luego, a través de las raíces, a la tierra que las había alimentado y sido su soporte. Creo que su energía o parte de la misma renueva y agradece con vibraciones vitales la tierra que los acogía, mientras su vida se renueva y multiplica a través de las semillas que dejaron. Y, sin embargo, el ciclo de vida de un árbol es en general muy largo y muchos de ellos sobreviven a todas las demás especies vivientes.

Cuando nos detenemos ante un gran árbol que tiene cientos, tal vez miles de años, podemos imaginar la cantidad de historias que ha escuchado o visto transcurrir alrededor de sus raíces, de memoria almacenada y sabiduría adquirida, al tiempo que los eventos del mundo se producían y cambiaban sin cesar mientras él, testigo silencioso, crecía. La vitalidad y voluntad de germinación de los árboles es extraordinaria: incluso cuando se podan o rompen por la acción de fuerzas naturales, nuevos brotes nacen formando nuevos «brazos»... ¡No se rinden con facilidad! Y un árbol que muere por causas naturales produce, sin duda, una impresión distinta de los que los hombres talan con fines a menudo insensatos. ¿Habéis visto nunca talar un árbol? ¿Oído el estruendo sordo y aterrador de su derrumbe? Para mí es algo muy doloroso... Y también me resulta doloroso encontrar árboles marcados por las incisiones «románticas» de individuos insensibles e ignorantes. Ciertas personas no saben la suerte que tienen de que los árboles no se muevan tan rápidos como sus motosierras y navajitas. Los hay que se alegran de la presencia de los árboles pero no se relacionan con ellos con la debida sensibilidad.

He visto, por ejemplo, cómo trasplantaban un viejo y florecido cerezo a otro punto de un jardín, en el lugar donde antes había un gran abeto. El cerezo se encontraba a gusto en su sitio y no estaba nada dispuesto a dejarse trasladar. ¿Qué diríamos si alguien quisiera hacer lo mismo con nosotros sin justificar su actuación? Y bien, al cabo de unos días el principio vital del cerezo empezó a menguar y después de un mes se había agotado sin remedio.

La misma sensibilidad psíquica que vale para nosotros también vale para los árboles: no sólo habían desplazado el cerezo sin pedirle si estaba conforme, sino que el lugar en el que había muerto el abeto no había sido «saneado», no se habían respetado el tiempo que necesita la memoria genética para transformarse y, por tanto, ningún otro vegetal podría extraer principios vitales de aquel lugar. No debería parecernos tan absurdo hablar con las plantas si las consideramos seres vivos y sensibles. Cuando resulte necesario talar un árbol, o bien podarlo o trasplantarlo, deberíamos comunicarle nuestras intenciones y los motivos de nuestra decisión, con el mismo amor con el que hablaríamos en circunstancias que acarrean consecuencias dolorosas para nosotros. Y luego deberíamos agradecerle el don que nos hace de sí mismo y su comprensión. ¿Por qué no ofrecerle algo a cambio? Tal vez podríamos plantar un árbol en cierto lugar. Un árbol tarda mucho tiempo en crecer y cuando lo cortamos tenemos que reflexionar sobre lo que estamos haciendo. Parte de nuestro legado, la complejidad de un pasado, resulta derruido y borrado cada vez que se arranca un gran árbol. Se quiebra un equilibrio, algo de nuestro aire se «densifica», algo de nuestra memoria se pierde en el vacío que antes él ocupaba.

Cuando tenemos el placer de encontrarnos con un gran árbol nos impacta la vibración intensa que despide. Nos acercamos despacio, con un sentimiento de respeto espontáneo, a su cuerpo poderoso. Algunos de estos grandes árboles se han convertido en verdaderos Guardianes, Maestros de Sabiduría del Reino vegetal. Muchos de ellos son sanadores. Tal vez alguien entre vosotros haya tenido esta experiencia y sabrá, por tanto, que no se trata de una afirmación descabellada. Los árboles, en general, disponen de este poder, no obstante algunos de ellos, los más viejos, son unos terapeutas naturales.

Cuando estamos en desarmonía, cuando nuestra energía vital se escapa por las grietas creadas por nuestras emociones perturbadas, los Árboles Sanadores pueden reequilibrarnos y hacer desaparecer nuestros malestares. El aura beneficiosa de un gran árbol se extiende alrededor del mismo, a veces en decenas de metros. A menudo el diámetro de su copa delimita la vibración de mayor intensidad de su aura. Podemos sentarnos apoyando la espalda en su tronco pidiéndole amorosamente que restablezca nuestra armonía, confiándonos a su cuidado. Al poco tiempo sentiremos cómo nos recorre una corriente vital poderosa, clara y sanadora, con la que podemos mantener la conexión incluso a gran distancia.

Esta faceta de los árboles nos puede ayudar a comprender una vez más la cantidad de Amor del que cada criatura dispone, a entender hasta qué punto es maravilloso el amor. Amar y ser amados... Los árboles son amigos del hombre. Árboles para producir oxígeno, para nuestro alimento, para nuestro fuego. Árboles que frenan aluviones y corrimientos de tierra, árboles para la protección de pequeñas criaturas. Árboles para la Belleza de nuestra Tierra. Árboles que ofrecen un bálsamo de armonía serena a nuestra alma.

Al igual que cualquier otro ser vivo, también los árboles tienen sus Ángeles: los devas que viven en su lado sutil. Podría decirse que Ellos representan la conciencia Divina de la planta, el Espíritu del árbol, que en cuanto espíritu no está separado de él ni tampoco está separado del Espíritu de los demás seres. Sólo pueden variar los estadios evolutivos de la conciencia de las formas de Vida, sin embargo, el Espíritu en cada una es el mismo Uno que se manifiesta en múltiples manifestaciones.

Subiendo por los peldaños de la conciencia el Espíritu, o Sí Divino, puede expresarse a sí mismo cada vez con más fluidez. Al tiempo que la conciencia del ser avanza y llega a comprender las demás manifestaciones de la Vida, cada vez más se dirige hacia el sentido de la Unidad con el Espíritu Divino, con todas las cosas de este mundo, con el Universo. Unidad que no significa, no obstante, pérdida de la conciencia de la individualidad que lo «contiene».

Cuando pensamos en los grandes Seres angélicos somos propensos a considerarlos separados de nosotros; unos Entes magníficos y resplandecientes de Luz, Amor y Sabiduría, de los que nos sentimos completamente distintos. Es cierto que su manifestación abarca un campo de conciencia superior y más amplio que el nuestro actual. Sin embargo, estamos unidos a ellos, así como lo estamos a cualquier otro ser, y animados por el mismo Espíritu Omnicomprensivo que nos guía hacia estadios cada vez más extensos de conciencia. Los campos de conciencia de todos los seres se hallan impregnados y conectados entre ellos por la misma Sustancia. Por este motivo podemos encontrarnos y entendernos con un «lenguaje» universal, tanto con las criaturas de los Reinos inferiores como de los superiores al nuestro, cuando dejamos actuar en nosotros esta Sustancia de Amor Infinito. Sólo nuestra forma actual de ver las cosas es separadora. Los que han vivido una experiencia mística han sentido el Amor, la Sustancia que impregna la Vida, como una energía que ha ampliado su ser en ese sentido sublime de Unidad, en el cual, en un instante, se trasciende la visión ordinaria de la realidad. Una experiencia de este Amor otorga una sensación de claridad, de felicidad sublime, de levedad, de calma interior sin igual, porque el individuo que la experimenta ha elevado su vibración mediante el intercambio con la potente energía de Amor que le ha «tocado». El amor es lo que hace posible nuestra verdadera evolución: la interior.

El Amor se aprende, o mejor dicho, se recuerda, ejerciéndolo... Todo el mundo conoce de alguna forma el Amor y todo el mundo lo desea. Para que el bienestar que confiere pueda volverse permanente puede ser útil rememorar con frecuencia una experiencia interior de Amor, que se haya sentido en algún momento a lo largo de la vida. Y lo que facilita su recuerdo es descubrir la Belleza y dejar que nos invada.

La Naturaleza desempeña esta misión: mostrarnos la Belleza para que participemos de ella, de modo que, al contemplarla y recibirla, nos abramos con espontaneidad y la correspondamos con el sentimiento que «brota» de nuestro corazón, descubriéndonos así nuestra propia capacidad de amar. La Energías luminosas que llamamos Devas de la Naturaleza lo agradecen felices y vienen solícitas a nuestro encuentro para ayudarnos a expandirnos un poco más. Lo hacen de forma sutil, a menudo discreta, para no asustar a quienes no estén aún preparados para advertir su Presencia, a pesar de no dispensar privilegios, no hay «elegidos» que merezcan su amistad en exclusiva: actúan con total amor hacia quien esté dispuesto al menos a recibir la Vibración que impregna la Belleza... porque la Belleza es un puente entre la distracción y la atención necesaria para reconocer la Verdad del Amor.

El Espíritu, el Deva de los grandes árboles, se manifiesta como principio femenino, asumiendo en ocasiones un aspecto en todo parecido al humano. Bajo forma de muchachas hermosísimas los Ángeles arbóreos han venido apareciéndose a los seres humanos desde los tiempos más remotos y a menudo es por esta razón que muchos árboles fueron objeto de culto y considerados divinidades. Las figuras etéreas, de una Belleza sobreterrenal y rodeadas de Luz, parecen salir del cuerpo del árbol y confundirse con sus rasgos. A veces parecen separadas de sus árboles y permanecen, evanescentes como el aire, en sus proximidades, mientras que «vestidos» impalpables de materia etérea fluctúan como si los agitara una brisa suave. Nosotros las conocemos con el nombre de Dríades: las antiguas divinidades de los bosques. Este término, que en general designa a todas las entidades dévicas de los árboles, antaño se refería en particular a las de las encinas, que en Grecia se llamaban Drys, nombre del que deriva Dríades, las ninfas que vivían en ellas.

No hay nada pagano en volver a acercarnos a esta visión, puesto que todo es Espíritu, incluida la materia, y así devolvemos el lugar que le corresponde al sentido de lo sagrado.

Los dogmas, ajenos a la Verdad, tuvieron su razón de ser a lo largo de nuestro proceso evolutivo, pero ya llegó el momento de abandonarlos, y no sólo los religiosos, sino todos los que se han instalado en nuestras vidas, como juicios y prejuicios y opiniones rancias acerca de nosotros mismos y del mundo. El árbol no es una divinidad que debamos adorar, ni tampoco su esplendorosa Dríade, ni los Maestros que buscamos anhelando un alivio para nuestra existencia dolida, sino el hecho de reconocer a través de ellos la Sustancia de Amor que impregna y es cada ser, Dios el Creador de la Vida, despertándonos en Su Presencia. Esta conciencia, una vez alcanzada, nos devuelve una nueva mirada, que ya no se dirige hacia lo exterior, a la simple apariencia de las cosas, sino a su «alma», al principio que las constituye, que las sustenta y mantiene en vida. El principio femenino se manifiesta como creación, como eterna regeneración, como acogida y reconocimiento de la vida, como movimiento de expansión que nunca es repetitivo. Es el principio de la Madre Divina: el principio de la Paz a través de la toma de conciencia de lo que genera separación. Es la paz como resolución de conflictos. Es Armonía y Belleza y Reconciliación. Es el principio que mora en toda mujer y todo hombre, esperando ser reconocido y vivido.

Los Entes de Luz que se manifiestan bajo formas femeninas no sólo encarnan este principio, sino que lo expresan para incitarnos a despertarlos en nuestro interior. Para ir de la corteza agrietada de nuestra ya explorada y vieja superficialidad hacia la siempre joven linfa vital de nuestro Espíritu.

Ésta es la época propicia para erigir el templo en el corazón de nuestra Naturaleza interior y para invitar, conscientes de ella, a manifestarse la Presencia de Vida. Los mensajes de las Dríades son una invitación a cada uno de nosotros, una conexión con el Manantial de Vida, que a través de ellas se dirige al Manantial de Vida que se halla en nuestro corazón para llevarnos mucho más allá de nuestros pequeños deseos personales, hacia «el» deseo que nos une a todos, para que pueda disolverse todo sentimiento de separación. A través de nuestro Amor la Tierra realiza su Sueño, el Destino que la espera, convertirse ella misma en un Centro Solar. Su corazón se amplificará como un Sol radiante, cuyos rayos de arcoíris abrazarán cada criatura, cuando el corazón de cada ser humano se haya convertido también en un Sol. ¿Un Sueño de Paraíso? Es el Reino en nosotros, el Reino prometido aquí, en ésta, nuestra querida Tierra solar... Somos nosotros los «Soles» que pueden llevarlo a ser.

Las palabras que a veces se utilizan para referirse al Ser Supremo, el Manantial de Vida, la Fuente Eterna, Dios, se entienden más allá del contexto de cualquier religión. Dios «es» la Vida en el sentido más profundo y todavía incomprensible en su totalidad. Vida que es indiscutiblemente propia de cada ser, sin importar el grupo, la raza, la religión o nivel de conciencia al que pertenezca.

Si la palabra Dios os molesta, porque sigue despertando en vosotros recuerdos que quisierais borrar, podéis reemplazarla con un término que os agrade más, pero procurando que despierte en vosotros poco a poco un sentimiento, una emoción suave e intensa. Porque ese sentimiento os llevará con vuestras propias alas al espacio infinito de vuestro corazón: donde la Verdad irá a vuestro encuentro para abrazar vuestro regreso.

Nota

Los términos «hombre» y «hombres» utilizados en el texto hacen referencia al concepto genérico de ser humano, no pretenden privilegiar al género masculino, con menoscabo del género femenino. Todavía no tenemos los vocablos «andróginos», pues aún no hemos alcanzado tal nivel de unidad entre nosotros, motivo por el cual nos vemos obligados a utilizar las palabras que nuestra civilización ha acuñado hasta ahora.

Los nombres populares y botánicos que se han venido dando a los árboles fueron durante mucho tiempo algo vago para mí. La vez que le pregunté a una maravillosa y viejísima encina si tenía nombre y, en tal caso, cuál era, oí claramente un sonido que parecía compuesto por múltiples octavas musicales. Un sonido, un nombre, impronunciable para nosotros... Pero nosotros hemos dado nombre a las cosas para reconocerlas. Por otra parte, reconocer es volver a despertar en nuestro interior su conocimiento y traspasar su memoria. Así, poco a poco, aunque mi «base de datos» se pierda de vez en cuando, he intentado aprenderme los nombres que les hemos dado.

Los cuarenta y cuatro árboles escogidos para este libro son los representantes de todos los no nombrados y vivientes, tal que joyas verdes, sobre el cuerpo de nuestra Madre Tierra. Les doy las gracias a todos, los quiero a todos, indistintamente...

Las Cartas

Los mensajes contenidos en estas cartas son una invitación a considerar con más atención los temas que nos atañen y con los que constantemente nos encontramos: son los aspectos que forman parte de nosotros y que a menudo no conseguimos ver en su desnuda realidad por culpa de los esquemas, es decir, de las reglas que nosotros mismos hemos escrito para controlar nuestra vida. Somos seres compuestos por energía: vivimos, nos sostenemos con y nos alimentamos de ella. No podemos prescindir de ella, pues ella es la Sustancia de base que constituye nuestra vida.

Hay una afirmación que hemos oído varias veces en las dos últimas décadas: que nosotros somos Seres de Luz... Y qué es esta Luz, sino la energía de la que estamos hechos, que vibra desde nuestro interior a muy altas frecuencias. Cuando estamos llenos de energía nuestras vibraciones se elevan a frecuencias mayores y nos sentimos bien: nuestro cuerpo físico disfruta de excelente salud, nuestros pensamientos son claros y las intuiciones fluyen con gran eficacia para traernos respuestas y soluciones, nuestros sentimientos son dulces, amorosos, de disponibilidad para con los otros.

En cambio, cuando nos sentimos nerviosos, confusos o deprimidos, es porque inconscientemente hemos dejado que nuestra energía se descargue y, por tanto, hemos vuelto a caer, o sea, a vibrar en frecuencias más bajas: estamos en el conflicto. Nuestro problema es que ya no somos capaces de recabar energía, conscientemente, del «lugar» del que brota sin cesar, o sea, del Universo. Hemos aprendido a tomarla de nosotros mismos, nos la sacamos los unos a los otros y cuando lo conseguimos no queremos soltarla. Por eso buscamos sistemas para conseguir que no nos la vuelvan a absorber. Evidentemente, éste es el origen de nuestros conflictos personales y sociales. Ésta es la razón por la que deseamos controlar nuestra vida y la vida de los demás: porque queremos almacenar toda la energía posible con el fin de sentirnos bien.

El poder que controla nuestra vida social, el económico, político y religioso, se basa en esta necesidad. Fijémonos en los árboles: ellos obtienen energía de la tierra a través de las raíces, igual que nosotros la obtenemos a través de los alimentos y la materia que utilizamos para nuestras comodidades. Sin embargo, los árboles, mediante sus hojas, recaban energía vital de la luz del Sol, y el Sol la obtiene del Cosmos. Esta particular forma de energía les permite transformar la materia más bruta en vibraciones más sutiles y específicas para su propia vida y para la vida de todas las criaturas terrestres. Ellos, de hecho, la inspiran y la espiran expandiéndola alrededor regulando el clima, el oxígeno y transmitiendo las vibraciones luminosas del Universo a toda la Tierra y a todos nosotros. Por esta razón, los árboles nos parecen criaturas tan fuertes: intercambian continuamente la energía que reciben. Nosotros somos criaturas muchos más complejas que los árboles.

Hemos desarrollado a lo largo del proceso evolutivo sistemas de pensamientos y sentimientos diferenciados y cada vez más especializados; además nos movemos, podemos ir hacia las cosas que necesitamos y podemos elegir, puesto que disponemos de voluntad. El paso siguiente que nos corresponde dar consiste en aprender, como los árboles, a sacar la energía que necesitamos de la Luz, la Sustancia que nos convierte en conscientes alquimistas, a través de la cual podemos transformar la materia bruta de nuestros esquemas de control en auténtico bienestar para nosotros mismos y los demás. Cuando redescubrimos este canal de «alimento vital» nos damos cuenta de que la energía que recibimos y difundimos nunca mengua; nos damos cuenta de que nos colma con cantidades siempre superiores a las que donamos, y que empezamos a vivir espiritualmente.

Nuestras relaciones mejoran, porque el amor que sentimos vibra cada vez más en nosotros gracias a las frecuencias de la Sustancia que estamos aprendiendo a recabar conscientemente. Hay muchas formas de aprender a hacerlo, y cada uno puede elegir la que sienta más afín. Personalmente creo que una de las más sencillas y a nuestro alcance es redescubrir el valor de la Belleza aprendiendo a valorarla. Nosotros amamos espontáneamente lo que es hermoso. La Hermosura de la Naturaleza vuelve a abrir el canal de nuestro corazón al Amor y si aprendemos que es posible simplemente inspirarla, nos damos cuenta de que la energía que recibimos nos llena de Amor. Volvemos a espirar hacia ella el Amor recibido y así nos expandimos con un goce cada vez mayor hasta que respiramos juntos con ella. Esto nos ayuda a descubrir la Belleza en todos los seres y si nos concentramos en este aspecto podemos sentir cada vez con más facilidad amor por los demás. Nuestros recíprocos esquemas defensivos y de desconfianza empiezan a desaparecer.

El objeto de los mensajes, a través de las cartas de este libro, no es otro que insuflar un amoroso aliento de Luz en vuestro corazón para que encontréis la respiración que le responde.

Sacad una carta cuando lo necesitéis de verdad, cuando haya algo que queráis aclarar y que quizá quisierais considerar con mayor atención para profundizar en la comprensión de algo que os afecta. No os deis prisa, tomad todo el tiempo que necesitéis para asimilar el mensaje: dejadlo fluir dentro de vosotros abriendo el corazón, para que lo que os ofrece pueda emerger con las intuiciones que os traerán la respuesta.

Al final de cada mensaje se describe un ritual que se os sugiere: es un pequeño ejercicio que tiene el objetivo de encauzar vuestras frecuencias hacia una mayor atención, ampliando los esquemas más estrechos en conjuntos más amplios. Un ritual hecho de gestos, pensamientos, sentimientos que trazan el camino del alma y abren la mirada interior a la magia de lo sagrado, esa realidad sutil e impalpable que sólo el corazón sabe reconocer. La sugerencia de realizar estos ejercicios en la Naturaleza os quiere estimular también a escapar de las rutinas y de la atmósfera de la ciudad, o incluso de vuestras casas, para más adelante encontrar, quizá tras unos pasos inciertos, una corriente de armonía interior más fluida, que a menudo sólo ciertos «ritos», lejos de paredes y ruidos, pueden hacer respirar de nuevo en nosotros.

Os deseo que vuestros pasos se vuelvan cada vez más ligeros en vuestro camino ascensional. Para hacer de esta Tierra un lugar de Paz y de Armonía todos somos necesarios, sin exclusiones.

1. Encina ❧ Don

Un don no un regalo formal, hecho por deber o por oportunismo, un regalo de verdad... aquel que se ofrece con amor, con alegría y espontaneidad, por gratitud, o simplemente para compartir el sentimiento de afecto que sentimos por un ser querido... se da ¡y no se quita! Este principio vale tanto para un regalo material como para el regalo de una parte de nosotros mismos.

Cuando hacéis un regalo a menudo tras esta acción yace una expectativa. Esperáis que vuestro don tenga un reconocimiento en su aspecto más profundo, es decir, el que atañe a esa parte de vosotros, íntima y preciada, que hayáis decidido compartir. Cuando os regaláis a alguien, esta expectativa puede quedar decepcionada. Es algo que sucede a menudo... Y, entonces, ¿qué ocurre? Preguntaos cuál es la razón por la que os habéis autoconducido más allá del umbral de vuestros límites protectores interiores. ¿Cuál es la razón que os ha empujado a abrir vuestro corazón? Y una vez habéis ofrecido una parte de vosotros, ¿podéis recuperar lo que habéis regalado, cuando se enciende en vuestro interior el despecho del desengaño? ¿Qué emociones y qué sentimientos se agitan en vosotros en esos momentos? ¿Cómo reaccionáis? ¿Os encerráis en vosotros mismos como una concha en la que entra un granito de arena? ¿Sentís rabia, os sentís traicionados, abandonados, ignorados, incomprendidos? ¿Os decís que la «próxima vez» actuaréis de otro modo, que seréis más cautos, perdiendo así poco a poco la espontaneidad y la felicidad de vuestro corazón?

Donar significa amar. ¿Os habéis parado alguna vez a reflexionar sobre cuántos regalos recibís a cada momento del Señor de la Vida? ¿Estáis seguros de que os dais cuenta de ellos?

¿Y cuántas veces habéis llegado a comprender hasta el fondo el valor y la inmensidad de estos dones? ¿Quizá por eso la Vida retoma lo que os da? Entonces, debéis reflexionar y actuar del mismo modo: dad sólo por amor, ya sea un pétalo de flor, una sonrisa o vuestros sentimientos más íntimos. Así transmitiréis chispas de Luz al corazón de quien lo recibe de vosotros.

De un modo parecido al aliento del viento, vuestro amor transporta las semillas que podrán generar nuevas energías y despertar vida nueva. Éste es el «objetivo» de los regalos.

Cuando dais, ofreced lo que vosotros mismos deseáis desde el corazón, y hacedlo del mismo modo en que quisierais recibirlo. Luego sed libres, liberad vuestras expectativas de cualquier límite que la mente, lo que llamáis vuestro «ego», quisiera que se respetara. No pongáis condiciones a vuestro amor, porque el amor es lo más verdadero que sois.

Ritual

Adentraos por unos momentos en vuestro corazón para sintonizar con el Espíritu del árbol. Ahora ofrecedle uno de vuestros sentimientos más íntimos; aquel que conseguiríais manifestar a los demás con mayor dificultad. No pidáis nada a cambio... con los ojos cerrados, con las manos apoyadas en el corazón, dejaros llevar por las olas de energía que vienen del árbol hacia vosotros y, finalmente, dad las gracias por haber sido recibidos, por haber sido escuchados y acogidos... tal como sois.

2. Arce ❧ Abandono

Este término, de profundo significado sutil y espiritual, suscita en vosotros intensas emociones: de hecho lo asemejáis con la idea de pérdida y, por tanto, de negación de amor. Abandonar y ser abandonado son conceptos que relacionáis estrechamente con sentimientos de miedo, que generan la necesidad opuesta de aferraros a lo que tenéis: las cosas materiales que os rodean, o vuestros sentimientos.

A menudo, sin daros cuenta, os atormenta la ansiedad. Pues bien, ésta es resultado de vuestro miedo a perder, a tener que abandonar aquello o aquel a quien amáis, o de que os dejen... abandonados a vosotros mismos, negándoos esa reconfortante sensación de pertenencia que nutre vuestro sentido de identidad. A partir de esta emoción habéis desarrollado una de las heridas más profundas sobre el frágil cuerpo de vuestra alma.

En aquellas ocasiones en las que escucháis una historia en la que un niño, un viejo, un enfermo, un animal o cualquier ser que os parece más frágil, inocente e indefenso, ha sido abandonado, sentís que algo os afecta en lo más profundo de vuestro interior. Entonces ¿sentís indignación, rechazo o rabia hacia quien actúa de aquella forma? ¿Os habéis preguntado por qué? No respondáis apresuradamente... Os sentís sensibilizados e implicados porque el miedo al abandono es un sufrimiento que vive también dentro de vosotros, aunque no seáis conscientes de ello; aunque nadie, que recordéis, haya actuado así con vosotros. Este miedo y esta herida son propios del género humano, en su conciencia actual. Nace en vosotros cuando nacéis a este mundo; en el momento en que vuestra alma se separa de su mundo de Luz, para encarnarse en una conciencia de dualidad y de aparente separación de la totalidad del Amor, que vive más allá de esta dimensión. Cada uno de vosotros guarda esta memoria en el hogar del corazón. Éste es el motivo por el cual el abandono suscita estas reacciones en vosotros. Ésta es la razón por la que en innombrables etapas de vuestra vida habéis intentado resistir o reaccionar a este miedo, con ideas, actitudes y acciones que quieren negarlo o exorcizarlo de vuestro corazón.

¿Cuántas veces, por una inconsciente reacción ante el temor de que no se os tenga en consideración y, por tanto, de que os abandonen, habéis actuado para sentiros apreciados en las relaciones con los miembros de la familia, con vuestros amigos, con vuestra pareja, con vuestros hijos o incluso con conocidos? ¿Para qué, si no es para buscar la reafirmación de vuestra identidad, que la memoria de vuestra alma conoce como sentido de unidad en el amor? El sentimiento de posesión y apego, tanto a las cosas materiales, a las personas que amáis, como a ciertas ideas y opiniones, son reacciones al miedo de que os dejen solos, sin el amor que necesitáis para vivir. Sin embargo, todas las circunstancias que, desde vuestra infancia, han puesto el dedo en la herida han sido concertadas por vuestro mismo Espíritu, es decir, vuestra verdadera esencia, para llevaros al umbral de una conciencia todavía más profunda del Ser que sois... Para nosotros, abandono quiere decir movimiento, crecimiento, enriquecimiento.

Cuando, tras la estación del florecimiento, nuestras hojas se preparan para caer, empieza para nosotros un nuevo ciclo de conciencia: nuestras hojas adquieren las vivas tonalidades del rojo de la fuerza vital, para indicar que ésta no nos abandona durante la mutación, del naranja de la renuncia gozosa y consciente y del amarillo de la mente inteligente, que sabe y conoce, a través del incesante proceso de adquisición y abandono de partes o de aspectos de nosotros innecesarios para el nuevo momento que nos espera. Así, nuestras queridas y necesarias hojas nos dejan y les damos las gracias por todo lo que han representado para nosotros. Si por el contrario las retuviéramos, quedaríamos desprovistos de lo que deberá convertirse en una mayor conciencia de lo que somos.

En eso no somos muy diferentes de vosotros, ¿no creéis? Dejad, cuando sea el momento, que las «hojas» de vuestras falsas ideas sobre vosotros mismos caigan una a una. No hay dolor, creedlo. El dolor ya lo habéis sentido en el momento en el que se os ha abierto la herida. Dejadlo ir, porque os habéis quedado ligados a su recuerdo, y sed conscientes de que cada «hoja» que abandonáis y que os abandona representa un aspecto de vuestra mente, o de vuestro ego, que os ha «servido» para que avancéis un trecho por vuestro camino personal, vuestra vida. Y abriros a una consideración más amplia y buena de vosotros mismos.

Sintonizaos con el Amor, que más allá del tiempo y del espacio y de las circunstancias que os ven implicados en la vida cotidiana, os tiene en cuenta y os quiere sin abandonaros nunca: vosotros sois parte y manifestaciones de Él, sois Sus Hijos generados. Cuando os abrís a esta realidad vosotros y vuestro Espíritu os encontráis para reconciliaros y uniros en un nuevo significado de encarnación, de nacimiento a la Vida, en el que por fin vuestra herida pasará a ser sólo el recuerdo de una radiosa verdad, que todavía no habíais entendido. Vosotros y vuestro Espíritu estaréis el uno en el otro en una unión indisoluble... y todo esto será maravilloso.

Ritual

En el equinoccio de otoño o en los días de luna nueva posteriores al mismo, tomad unos pequeños objetos que hayáis preparado previamente. Cada uno de ellos representará un sentimiento, una emoción, una idea o una actitud que guarde relación con vuestro miedo al abandono y que sintáis como un obstáculo en vuestros proceso de crecimiento interior. Pueden ser una foto, una pluma, una piedra, una pequeña joya, un dibujo o cualquier otro pequeño objeto que tenga para vosotros este significado concreto. Buscad un lugar de la Naturaleza y elegid un Arce o bien dejad que él os elija a vosotros. No utilicéis la mente para ello. Si en vuestra región no hay arces, podéis sin dudarlo conectar interiormente con él y elegir otro árbol que lo sustituya. Interiorizaos unos instantes en vuestro corazón para abriros a la comunicación con el Espíritu del árbol pidiéndole que acepte vuestra ofrenda. A continuación, cavad con suavidad un pequeño hoyo a su lado colocando en su interior los objetos que hayáis traído. Volved a cubrir el hoyo con tierra y una capa de hojas y agradeced al árbol por haber acogido vuestro deseo sincero de abandono... con los ojos cerrados sentid en vosotros mismos el proceso de curación: mirad lo que vayáis a dejar como hojas que amarillean y que, al separarse de las «ramas» de vuestra mente pierden peso y, ligeras, caen hasta reposar en el suelo, inertes. Ahora ya no os pertenecen... Ya habéis entendido su significado, o gran parte del mismo, y estáis dispuestos a acoger el mensaje que os han transmitido. Ello os ha mejorado y volverá a hacerlo cada vez que lo reafirméis. Y agradeced a la Luz, que está colmando el espacio del corazón que habéis liberado.

3. Tilo ☙ Amistad

Amistad, una palabra que posee toda la dulzura y el candor de su significado... Amistad... Cuánto bienestar lleva al corazón apartando el alma del vacío de la soledad en la que a veces se siente hundir. Conocéis su valor porque la buscáis constantemente a vuestro alrededor y se la ofrecéis a vuestros semejantes. Es la búsqueda de una unión consciente con otras almas con las que os sentís afines por el amor que hay en vosotros.

El valor de la amistad es uno de los más grandes y luminosos que poseéis naturalmente en vuestro interior. Sin embargo, muchas veces la vivís sólo en el ámbito de las afinidades caracteriales. No veis que a nivel del Espíritu ella ya vive en su perfecta unión, allá donde la cualidad de vuestro recíproco amor, precisamente en virtud de esta unión, se amplifica y dobla y multiplica. Como un hilo en el que se enfilan una tras otras nuevas perlas para realizar un magnífico collar. Si es de esta cualidad la amistad que deseáis cultivar, ningún aspecto de la personalidad aún sin iluminar podrá decepcionaros o hacer que os sintáis traicionados, porque amaréis las cualidades y la belleza que habéis vislumbrado en su corazón cuando «algo» os atrajo el uno hacia el otro.

La amistad es en primer lugar una elección, y también un compartir con vosotros mismos vuestra historia y vuestras cualidades. Es una ofrenda recíproca de amor en un intercambio rítmico, como la respiración. Tenéis la tendencia a diferenciar el amor en base a los roles que las distintas relaciones ocupan en vuestra vida. Todas las personas cercanas, así como las que ya llamáis amigas, podrían enriquecerse y enriqueceros con amistad: vuestro compañero, vuestros hijos, vuestros padres, porque la Amistad contiene los valores más sublimes que hacen de vuestros encuentros una revelación de evolución continua y recíproca. Vosotros maduráis a través de las relaciones.

Cuando intentáis llenar vuestra soledad buscando cualquier compañía, no importa de quién, u os aferráis a alguien que os dona disponibilidad, pero rompiendo el ritmo de intercambio, bueno... eso no puede llamarse amistad... os dais cuenta, ¿verdad? Cuando estáis inmersos en la soledad, esa triste condición que os afecta cuando os identificáis con los aspectos todavía incomprendidos de la Vida, a menudo sin daros cuenta pedís al otro una atención exagerada, porque en realidad es otro el vacío que pretendéis llenar. En estas situaciones perdéis el ritmo y vivís la amistad pretendiendo una comprensión continua de vuestras necesidades. ¿Estáis dispuestos a ofrecer al otro lo que le pedís? Cuando el que está a vuestro lado frustra vuestras expectativas pensad que puede haber motivos que ni siquiera sospecháis. ¿Por qué no reparáis en ello? En realidad, lo ocurrido se debe a vuestra ignorancia de algo.

A nivel personal esta falta de atención es inevitable en todas las buenas relaciones siendo el primer peldaño donde se miden vuestras limitaciones, vuestros apegos, vuestras opiniones, vuestras creencias a través de la relación con la persona con quien estáis viviendo y aprendiendo la amistad. Y cuando sentís la frustración y el dolor de la decepción y, condenados a la soledad, podéis aprender a descubrir el Amor que os envuelve como el océano alrededor de una isla perdida... es sólo vuestra angustia la que os separa a los unos de los otros.

¿Esperáis que sea el otro el que dé el primer paso hacia vosotros en la senda de la reconciliación? ¿Os sentís como náufragos, víctimas, como siempre ante la «acostumbrada» incomprensión? En esta isla perdida que es vuestra soledad vivís la última experiencia que os separa del Amor: el Océano Infinito que acaricia con suavidad vuestros pies descalzos en la orilla de vuestra isla. Nadie puede comprender al otro sin «equivocarse» nunca, por distracción o por un acto de egoísmo inconsciente.

El Océano de Amor, respiración incesante, es imperturbable frente a vuestras reacciones porque es el Amor quien os creó y quien os anima a superar los confines en los que os habéis encerrado. Cuando perdéis la espontaneidad de dar vuestro corazón porque el amigo os ha herido, os encerráis sin saberlo en esa isla perdida. Dejaos mecer por la caricia del Agua que os rodea. Dejad que vuestro llanto de dolor se purifique, y que obtenga el consuelo de la comprensión que el Amor infinito os ofrece. Una vez hayáis comprendido, el Amor que alberga en vosotros habrá crecido y podréis escanciarlo desde vuestro corazón en el corazón de quien os había decepcionado. A esto lo llamáis perdón... y es un acto de verdadera amistad. Éste es el peldaño sucesivo, la puerta a través de la cual entráis en la Amistad espiritual. Y, a partir de esta nueva condición, vuestra amistad se basará en raíces sanas, fuertes e indestructibles y os permitirá subir juntos hacia lo alto dándoos la mano... Podréis sentir entonces cómo el valor de la amistad se extiende desde vosotros hacia las demás criaturas, incluso aquellas con las que ahora pensáis no sentir afinidad, y que sin embargo tienen mucho a intercambiar con vosotros.

Cada persona que se cruza en vuestro camino os ofrece algún regalo intercambiando los vuestros... Si os lo permitís, en cuanto el valor real de la amistad haya ocupado su lugar en vuestro corazón, os daréis cuenta de ello. Y la vida dejará de pareceros tan fea y difícil como os oímos decir tan a menudo. Sabéis, nosotros os vemos como seres de Luz... y tenemos amistad con vosotros desde la eternidad... Todas las criaturas, de todos los reinos, conocidos o aun desconocidos para vosotros, cuentan con una esencia impregnada de cualidades preciadas, que pueden compartirse en la unión de la amistad. Son cualidades divinas que se expresan a través de nosotros por el mismo Dios que se expresa en las vuestras.

Cuando entendáis esta verdad habréis alcanzado el tercer peldaño, donde podréis empezar a concebir y vivir la amistad con Dios. Aquel/Aquella que habéis visto sin saberlo cada vez que habéis amado el rostro de otra criatura... Y entonces vuestra isla perdida de soledad quedará sumergida en su Océano de Amor.

Ritual

Apoyad suavemente vuestras manos en el recio tronco de un árbol. Abríos: sentid las sensaciones que os da este contacto, lo que os hace sentir, advertir… dejad poco a poco que en vuestro corazón se exprese un sentimiento de benevolencia hacia esa criatura. Dejad que brote de vosotros, con la máxima sencillez, la estima y el amor que os despierta. Después… quedaos a la escucha de vuestro interior. Con calma, sin las prisas de las expectativas. Pronto advertiréis un retorno de la vibración que estáis emanando desde el árbol hacia vosotros, hasta el centro de vuestro corazón. Dejaros ir y vivid con alegría la emoción de este intercambio de amor: de esta amistad entre vosotros.

4. Alerce ❧ Coherencia

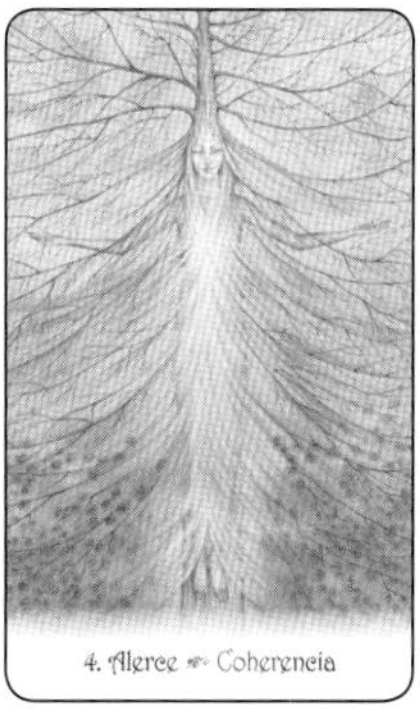

Hay coherencia cuando se expresa una adhesión íntima con nuestra propia naturaleza. Existen distintos niveles de coherencia, tantos como los grados de conciencia con los que se actúa. Podéis observar esta asociación lineal con la propia naturaleza en los reinos que os rodean y con los que tenéis contacto y cierta familiaridad. El reino mineral se manifiesta a través de la conciencia que tiene de sí mismo, actuando según sus específicas peculiaridades, como por ejemplo sus átomos compactados que le confieren la solidez que le atribuís.

El reino vegetal, bajo el sinfín de formas que lo caracterizan, adhiere a su conciencia siguiendo sus propios ritmos de crecimiento y desarrollo, que lo empujan hacia la luz del sol, purificando el aire que respiráis. También el reino animal es coherente con la conciencia que tiene de sí mismo, comportándose según la naturaleza que le es propia. Asimismo nuestro reino se ciñe al mismo principio, siendo cada uno de vosotros coherente con su grado concreto de conciencia. Cada reino, puesto que todo está interconectado, cede una parte de sí al reino sucesivo, dando lugar a una amplificación en cadena de la conciencia, según un proceso que denomináis evolución. Por tanto en cada reino hay una parte de los demás. En vosotros, seres humanos, se encuentran comprendidos todos los anteriores, incluyendo una parte de su conciencia... No es una casualidad que utilicéis expresiones como: «Tener los pies plantados en el suelo, echar raíces, los frutos de nuestro trabajo, ser duro como una roca, impulsivo como un animal...», y muchas más analogías de esta clase. Cada reino ha ampliado su conciencia, añadiendo algo más respecto al anterior... sin embargo, sois vosotros, entre estos reinos, los que habéis alcanzado la autoconciencia. Vosotros tenéis la chispa de la conciencia, con la que podéis encender el fuego del conocimiento de vosotros mismos, hasta hallar en vosotros la Luz que os anima con el Don de la Vida, guiándoos hacia el reino perfecto al que aspiráis. Mirad... en cierto sentido cada estadio de despertar de la conciencia, siendo coherente con sí mismo, actúa de forma «perfecta». Como una semilla que se enraizará en la tierra y no en el aire, y un pájaro desplegará sus alas hacia el cielo, y un depredador capturará su presa y un ladrón robará. Y no hay «culpa» en ello, porque cada uno sólo puede responder a la conciencia que tiene de sí mismo.

Sin embargo, tal como un rayo de sol que anima una flor a abrirse, el Espíritu Divino, la Conciencia que impregna la esencia de todas las criaturas, las atrae hacia Ella con un movimiento incesante y ascensional, y es por ello que todas advierten el impulso, el empuje a perfeccionarse, a especializarse cada vez más, como respuesta a ese movimiento que es cambio continuo. Lo que vosotros definís como adaptación de las especies es su constante progreso evolutivo. Lo mismo vale para vosotros, como es lógico, aunque en vuestro caso el impulso instintivo se ha transformado en deseo, es decir, visión consciente, de mejora. Nadie, por tanto, se detiene donde está por un tiempo indeterminado.

Lo que llamáis empuje evolutivo en realidad es la necesidad natural, coherente y ardiente que cada criatura tiene de convertirse en uno con su Hacedor: es lo que a menudo sentís como una perenne insatisfacción, como una sed inextinguible, a pesar de vuestras «tretas» para satisfacerla. Vuestro deseo de conocer el mundo, el universo, a vosotros mismos, de hecho, es el flujo ascendiente de vuestra conciencia que quiere reconocerse en una perfección cada vez mayor, hasta alcanzar el estadio en que sois conscientes de ser expresiones de Dios. Es vuestro progreso ascendente de conciencia el que modifica la realidad en la que vivís, porque cuanto más grande es vuestra conciencia, menos interferirán vuestros comportamientos, coherentes con el nuevo conocimiento, con la realidad del mundo y de las demás especies con fines depredadores. Lo que tenéis que dejar de la conciencia del reino que os precede.

Cuando os reconozcáis como partes de un Todo vuestra evolución también facilitará la de los demás reinos con una espiral ascendente, ante la ausencia de cualquier forma de violencia y rigidez, reemplazada por una participación y colaboración recíprocas con el fin de facilitar, en base a otros parámetros, el bienestar de todos. No pongáis entonces trabas a vuestra alma, es decir a vuestro auténtico Ser, diciendo: «Yo soy así y no puedo evitarlo», sed coherentes, porque esto equivale a buscar justificaciones y volverse perezosos ante el descubrimiento de vuestra verdadera naturaleza humana. No os limitéis a esta clase de «coherencia». Es más, sed conscientemente incoherentes frente a esta actitud vuestra, porque lo que sois no es todavía lo que pensáis, en ese momento, ser.

Sois criaturas mucho más resplandecientes, completas y magníficas de lo que actualmente lográis imaginar. Descubridlo vosotros mismos, dejando libre vuestro Deseo más profundo y escuchad, observad, sentid en vosotros la potencia de Su vibración. Y poco a poco adheriros a él y sed coherentes con lo que esto os enseña: actuad tal como aprendéis de Él. Buscad en vuestro interior respuestas conformes a un pensamiento cada vez más luminoso, a un corazón cada vez más abierto a amar... y practicad vosotros mismos. Vivid el goce de vuestras cualidades Divinas.

Ritual

Buscad un lugar de Naturaleza que os agrade y donde os sintáis cómodos y sentaos frente a un árbol que os atraiga.

Entrad en vuestro interior y observad, de la forma más objetiva posible, el conjunto de vuestra personalidad y los rasgos de vuestro carácter que os llevan a asumir comportamientos rutinarios, a llevar a cabo reacciones automáticas, y subrayad lo que os provoca más malestar y sufrimiento. Si os inflige sufrimiento es porque ya no es coherente con lo que sentís que sois en vuestro corazón. Sentid en vuestro interior que ese comportamiento sólo es una reacción defensiva que vuestra personalidad ha adquirido, y no lo que sois al no corresponder con lo que sentís en lo profundo de vuestro ser.

Ahora, en una hoja de papel que habréis llevado con vosotros, escribid. «Esto es lo que deseo expresar, ofrecer y vivir en lugar de esa reacción mía...», y describid lo que queréis realizar en vosotros. A continuación enrollad el papel, atadlo con un hilo de color y dejadlo al pie del árbol. Y, finalmente, dad las gracias a la Respiración que insufla en vosotros la Vida practicando con serenidad y coherencia vuestro nuevo estado de conciencia.

5. Abeto ✤ Independencia

Cuando volvéis a una nueva vida, en un nuevo cuerpo, sois pequeños y vulnerables y vuestra supervivencia depende de los cuidados de los que sois objeto mientras vuestro cuerpo se refuerza y crece. Ello vale para todos los recién nacidos, también en el mundo vegetal y animal. Cuando acaban de llegar a este mundo los cachorros vegetales, animales y humano muestran todos una fragilidad parecida y particular. Y necesitan amor para crecer y desarrollarse armoniosamente. En esta situación dependéis totalmente de quien se ocupa de vosotros y os cuida, mientras que vosotros, con todo el derecho, sólo sois conscientes de vuestro deseo de sobrevivir.

No obstante hay en vosotros una fuerza que os empuja pronto a perseguir vuestra propia autonomía porque, aun sin ser conscientes de ello, sabéis que tenéis una meta y que para alcanzarla tenéis que tomar conciencia de vuestra individualidad y, por tanto, adquirir la independencia. De hecho, lográis vuestro primer embrión de independencia cuando empezáis a andar, al descubrir que podéis desplazaros para alcanzar lo que deseáis atrapar con vuestras manitas. Es la primera afirmación consciente de vuestro ser que imprime seguridad a vuestras capacidades, que os da la sensación de tener un valor.

Este primer paso vuestro es más importante de lo que sospecháis, así como lo es la forma de darlo. Puesto que define vuestra forma de caminar durante el resto de vuestra vida... Hay niños que se tiran de cabeza, otros avanzan a pasitos inseguros, otros se apoyan en los soportes que tienen al alcance de sus manos... Unos se desesperan y quedan paralizados cuando caen, otros se levantan y siguen como si nada. Sin embargo todos, sin distinciones, seguís deseando alcanzar vuestra meta. Es el estímulo para alcanzar la independencia en vuestra vida, para sentiros libres de elegir lo que deseáis, lo que os lleva, paso a paso, hacia la toma de conciencia de vosotros mismos como individuos. Es la libertad que queréis y que habéis venido a afirmar. Suele ocurrir, sin embargo, que las circunstancias, por un sinfín de motivos que percibís individualmente, os provoquen inseguridad y, aunque de forma inconsciente, os encontráis dependiendo de todo lo que envuelve vuestra vida.

Con el trabajo buscáis independencia económica, pero muchas veces no os dais cuenta que estáis dependiendo de él o, mejor dicho, de lo que pensáis conseguir con él. Os formáis una determinada personalidad para que os sirva de soporte, pero no sois libres de todos los atributos que le habéis otorgado, es decir, de los pensamientos y reacciones emotivas con los que la pintáis. No sois libres en definitiva de las ideas con las que la habéis construido, atándoos a ella como si fuera vuestro auténtico ser. Buscáis «recetas», intentáis ajustaros a un listado perfectamente codificado de puntos a cumplir. ¿Reglas? ¿Más reglas impuestas por alguien externo a vosotros? ¿Para hacer qué? ¿Para seguirlas ciegamente o para rebelaros tímidamente a ellas? ¿Otra vez? Lo habéis hecho durante milenios. Lo que aún no os habéis atrevido a hacer es asumir la responsabilidad de vosotros mismos, escuchar lo que vive en vosotros de vuestra eternidad. Reflexionad, ¿qué significa ser independientes? Ser libres de la aprobación de los demás para sentirse bien y sentirse queridos. No depender de su rechazo o de su condena. No depender de los propios impulsos, emociones, miedos, juicios... Ser libres de osar... La verdadera independencia a la que aspiráis es la libertad de despegaros de todo lo que os mantiene atados a una falsa idea de vosotros mismos y del mundo. Sentíos especiales... porque lo sois. Cada uno de vosotros es un ser magnífico, único, divino... Dad otro paso, pero esta vez hacia vosotros mismos, dentro de ese vosotros, infinito y luminoso, tanto como el Universo lo es para las estrellas que vuestros ojos admiran en las noches claras. El Universo entero está en vosotros, y todo lo que consideráis imposible ya se halla construido en vuestro interior con una perfección que ni vuestra imaginación más audaz podría vislumbrar.

Atreveos a derribar las murallas de vuestra fortaleza, de lo que llamáis vuestra personalidad, para descubrir vuestra luminosa individualidad. No deleguéis en otros la solución de vuestros sufrimientos, porque vosotros mismos tenéis el potencial necesario para curaros, para acordaros de vosotros y de lo que sois, para salir de los límites de lo que teméis no llegar a ser. Vivid cada día de vuestra vida como «el día» perfecto para poder atreveros un poquito más. Para quitar otro ladrillo de la pared que habéis levantado viviendo lo que la Luz, que por fin puede pasar, viene a iluminar en vosotros. Vuestra libertad de elección sólo se da en la verdadera independencia, porque os volvéis responsables, según la Ley del Amor que os inspira: la que os animó a osar... Entonces el vínculo que une todas las cosas, un ser con otro, haciendo que hasta la cosa más pequeña dependa de otra, ya no es una cadena que ata, sino una corriente de participación en la Vida, en la que ya no hay figurantes sino sólo protagonistas.

Ritual

Sentaos delante de un árbol, sin importar lo grande y fuerte que sea... Ahora cerrad los ojos y pensad: ¿de cuántas cosas sois dependientes? ¿Cuán necesarias son para vosotros las cosas de las que os rodeáis? ¿Cuánto dependéis de ellas? Haced mentalmente un listado de todos los objetos que tenéis en vuestra casa... ¿Qué pasaría con vosotros si ya no los tuvierais? ¿Qué quedaría? Ahora abrid los ojos y mirad al árbol. Comparaos con él valorando las diferencias, y no sólo en sentido físico. Mirad en vosotros lo que intuís... y agradeced lo que hayáis descubierto.

6. Secuoya — Desapego

A menudo otorgáis a esta palabra el sentido de alejamiento indiferente. Esto es en cierto sentido correcto porque desapego significa precisamente separarse de algo o de alguien. Pero no con indiferencia, que es como una niebla compacta, que parece devorar en un vacío gris todo lo que encuentra, borrando las formas, difuminándolas.

La indiferencia es lo que queda cuando los sentimientos se han deslizado en el vacío interior generado por una frustración continua, por esa sensación de impotencia y que ciertas personas sienten una y otra vez. Pero la indiferencia sólo es un intento de disfraz, de controlar las amargas decepciones. Bajo su influencia las fuertes emociones que se sienten sin expresarlas esperan encontrar el camino para manifestarse, como las brasas debajo de las cenizas que vuelven a encenderse enseguida al entrar en contacto con una pequeña rama seca.

Por desgracia hay quien se aísla en el vacío de la indiferencia hasta dejar que las brasas se conviertan en cenizas y sólo desean dejarse llevar hasta morir. Éste es un trastorno del alma muy propio de vuestra época y que a menudo es malinterpretado y no tratado de la forma adecuada. Cuando su fuego se apaga, el alma queda expuesta al frío. Y en cambio el alma busca el calor, porque su fuerza vital se genera y regenera con las emociones positivas, con los sentimientos de amor que la calientan y la motivan a contemplarse a sí misma. A muchos no les agrada relacionarse con quien ha rehuido del calor vital y se apartan, porque no saben cómo actuar y también porque ese frío es lo que temen asimismo para ellos. Sin embargo, quien vive del amor en sí no debe temer ofrecerlo, emanarlo hacia quien sufre de esa forma. No se lo quitarán ni se malogrará. Quien está sufriendo en ese frío no necesita palabras, que a menudo son superfluas y no calan hondo, sino olas constantes, suaves y cálidas de amor... Tenéis demasiada tendencia a negar las emociones y a clasificarlas en positivas y negativas.

Las emociones no son negativas en sí mismas. Se vuelven tales cuando dejáis que os dominen y os mecéis en ellas hasta que acaban monopolizando vuestros pensamientos, condicionándolos y desviando la pureza de vuestros sentimientos más luminosos. El «desapego» es lo que os permite desarrollar la cualidad de observaros a vosotros mismos, sin juicios: el espacio que se crea entre vosotros... y vosotros, como si os reflejarais en un espejo, o como si vierais una proyección de vosotros mismos en una pantalla. Ese «espacio» que creáis os permite ver, escuchar y, por tanto, valorar de forma más objetiva y real vuestras relaciones habituales frente a los estímulos externos que advertís como emociones. Y os confiere poco a poco la claridad que echa cada vez más luz en el auténtico vosotros mismos. De esta forma podréis transformar vuestra impulsividad emocional, y los aspectos de vosotros que consideráis indeseables, con su comprensión. Al levantar sus velos se os revelarán las motivaciones que se ocultan bajo vuestra reactividad: vuestras fragilidades, vuestros miedos, esas partes de vosotros que necesitan ser escuchadas y cuidadas con el amor que tanto desean. Es en esos momentos cuando os comprendéis a través del observador que se ha despertado en vuestro interior, sin censuraros ni victimizaros, que se genera a partir de vosotros la grande y poderosa fuerza generadora de amor que llamáis compasión. No es autoindulgencia o autocompadecimiento, sino que es el amor que ya existe en vosotros, que se despierta e irrumpe en las zonas de vuestro interior que se desesperaban por su ausencia. Es así como aprendéis a amaros a vosotros mismos. Y a medida que lo vais aprendiendo, el Amor que os ofrecéis a vosotros mismos os transforma y os cura, revelándoos vuestra verdadera forma: la Naturaleza de Luz de vuestro Ser, con el cual vuestra alma se completa y se funde. Desde aquí brota ese río de Amor, porque vuestro Ser es el Amor mismo.

En el momento en que creáis ese «espacio» entre vosotros y vosotros vuestro Ser interior empieza a actuar: observáis con esos ojos, sonreís con esos labios, amáis con ese corazón, porque por fin comprendéis la verdad de ese vosotros que tenéis «en frente» y, al igual que ocurre con la niebla que se dispersa de repente, veréis el mundo con una mirada distinta y podréis amarlo con una cualidad de Amor que os sorprenderá.

No lo «exigiréis» de los demás, sino que se lo ofreceréis vosotros mismos. Todos vuestros apegos son disfraces de vuestro miedo de privación. Y sin embargo sabéis que todo lo que creéis poseer es un simple préstamo de la vida. Más que apegaros a «vuestras cosas» aprended la alegría de apreciar lo que tenéis, con agradecimiento y lucidez comprendiendo que todo lo que tenéis, en realidad, es un instrumento que os llevará allende de las ilusiones en que os escudáis. Ya lo sabéis, para poder recibir antes hay que dar. Y es dando que seréis alimentados por esa Fuente inagotable… y los diques de vuestros miedos y de vuestras dudas se romperán y el río de Verdad encerrado en vosotros podrá fluir libre hasta el mar.

Ritual

Elegid un lugar de Naturaleza tranquilo y solitario, si podéis encontrarlo, sino también servirá un parque, mejor en una hora de calma. Llevaos papel blanco, unos lápices de colores y una cinta. Sentaos y quedaos un rato observando la naturaleza que os rodea: sus formas, sus colores, los juegos de luz, los sonidos, los movimientos a veces imperceptibles, los perfumes… hasta sentir que un estado de quietud se abre camino en vuestro interior. Respirad esta serenidad que os rodea y dejad que os acune, compenetre y envuelva hasta llegar a vuestro centro: el corazón. Sed conscientes de que en el corazón se encuentra el Ser magnífico que sois; el Ser de Amor que estáis buscando. En el mismo instante en que lo declaráis vosotros sois vuestro Ser. Sentís rayos de Amor que desde vuestro centro se expanden con círculos cada vez más amplios y luminosos. Al igual que en una espiral los rayos tienen un movimiento circular irradiándolo todo, hasta la periferia de vosotros mismos y más allá, en el exterior. Dejad que se produzca esta experiencia interior, hasta que su impresión se haya estabilizado por así decirlo en vuestro interior. Ahora abrid los ojos y, mientras los rayos sigan colmando vuestro ser y expandiéndose por doquier, marcad un punto de color en el centro de la hoja blanca de papel, y a partir de aquí dibujad con colores círculos concéntricos, con calma, uno tras otro... hasta llenar toda la hoja. Mientras pintáis sentís que a cada trazo de color el Amor sigue irradiando en vosotros y a vuestro alrededor. No dudéis de lo que estáis haciendo ni de lo que sentís, no juzguéis. Sed y ya está... Al final colgad vuestro trabajo con la cinta de una rama del árbol: será vuestro testimonio ¿Y si alguien lo ve? No os preocupéis por ello. Habéis dado y habéis recibido. Y ese lugar está cargado de vuestro amor. Dejad que sea...

7. Ciprés ❧ Unidad

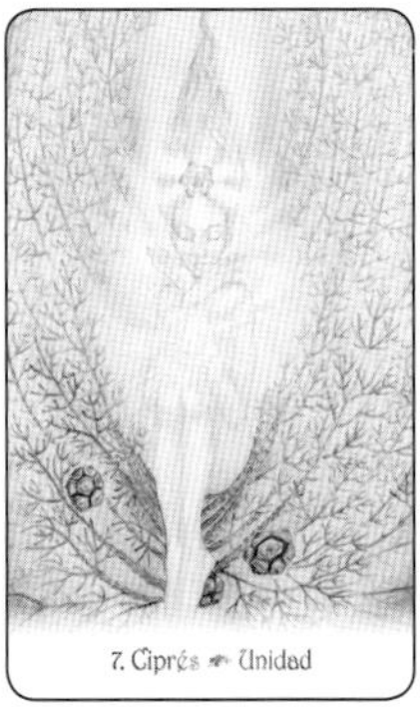

La Unidad es nuestro Destino común… Común a todas las criaturas, todas las existencias, todos los seres. Sin embargo destino presupone algo por venir, mientras que, de hecho, todos ya somos una unidad en la Unidad… Todas las cosas ya están unidas al Manantial de la Vida, porque su agua empapa hasta la más pequeña forma que compone el conjunto de las formas más complejas en el amplio océano de la Vida. Y sin embargo la unidad también es un destino, puesto que tiene que devenir conciencia en la intimidad de cada criatura, de la misma forma que se toma conciencia de la respiración. Unidad es la comunión perfecta entre vuestro interior, el Corazón, y vuestro exterior, el Mundo… Entre el vosotros ordinario y el vosotros divino. No es una búsqueda que os lleve hasta estrellas lejanas, sino una mirada hacia la intimidad de vuestra misma casa: dentro de vuestro cuerpo material donde late la chispa que os dio la vida. Al fin y al cabo se trata, más que nada, de… recordar. Recordar quiénes sois. Desprendeos de los aspectos de vosotros mismos que os lo impiden.

Hacedlo como cuando sacáis las hojas muertas de vuestro jardín, para dejar que respire la hierba que ya se estremece bajo el aliento de la primavera que llega.

Cuando os abrís a vuestro sentir y abandonáis las elucubraciones de vuestros pensamientos ordinarios, vosotros y el otro, vosotros y el mundo sois uno: una unidad viva y pulsante, en comunión con todos los seres, hermanos y hermanas los unos de los otros. En este sentimiento el sentido del yo ordinario que os frena y os separa de vosotros mismos queda superado, y vuestra alma se dilata hasta abrazar todas las cosas y las criaturas, que a su vez la abrazan. Reafirmad este derecho vuestro de nacimiento para nacer conscientemente a esta verdad. Cada vez que dudáis os alejáis de ella, sintiendo así sufrimiento, presas de una separación que nunca se ha producido fuera de vuestra mente.

Vosotros que habéis salido del Corazón mismo de Dios y que estáis hechos de su Sustancia de Amor, ¿cómo podéis seguir dudando? ¿Cómo puede Dios separarse de sí mismo? ¿Acaso pueden los dedos de vuestras manos sentirse separados de los brazos y del resto del cuerpo? La chispa en vuestro corazón es como la forma de este árbol, parecida a una llama que sube hacia el cielo, cuyas hojas no caen ni amarillean. Una chispa que sólo espera que la avivéis para liberar la llama de vuestra Luz interior, hacia un Cielo que es vuestro mismo Espíritu.

Ritual

Éste es un ritual de bendición que podéis realizar cada día y en cada momento de vuestra vida, desde el instante en que abrís los ojos por la mañana hasta el momento en que el sueño vuelve a cerrarlos por la noche. Podéis celebrarlo en cualquier ocasión y en cualquier situación. No hay límites, ni... ¡contraindicaciones!

Empezad este ritual un día en que vuestro destino sea un lugar de Naturaleza. Al salir de casa es probable que encontréis a algunas personas. Unas tal vez conocidas, otras no. Puede que os crucéis con animales... cada vez que veáis a alguien enviadle amor desde vuestro corazón, murmurando interiormente: «Te ofrezco mi amor, eres mi hermano, mi hermana, gracias por estar aquí...». Tal vez las primeras veces os sintáis algo raros, incómodos o incluso ridículos, pero insistid y veréis lo que ocurre en vosotros y a vuestro alrededor. Una vez alcanzada vuestra meta seguid enviando cariño, bendiciendo, por tanto, todas las criaturas vegetales y animales que pueblan ese lugar y, cuando encontréis un sitio que os agrade, deteneos un ratito en silencio, a la escucha de las vibraciones de paz y serenidad que os alcanzarán. Daros las gracias y bendeciros a vosotros mismos con el mismo amor...

Intentad empezar el día con esta actitud amorosa y permaneced abiertos al Poder de transformación que actúa en vosotros.

8. Tejo Trascendencia

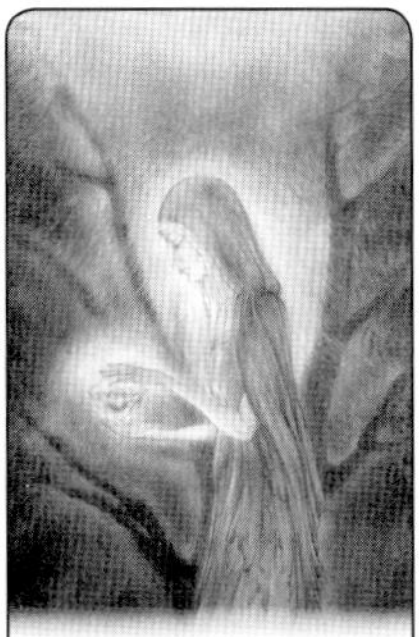

8. Tejo Trascendencia

Cuando parece que un acontecimiento traspasa las leyes físicas de la realidad material en la que vivís, habláis de «hecho extraordinario» y sigue habiendo muchos entre vosotros que apenas aceptan, en lo íntimo de su conciencia, una posible realidad más allá de la suya. Y, según sus creencias, intentan clasificar lo «extraordinario» denominándolo milagro, prodigio o sugestión, o incluso estúpida superstición. Sin embargo, el acontecimiento se ha producido, de alguna forma algo ha superado la realidad de la materia, ha subvertido sus «leyes», ha alterado sus esquemas.

Os han enseñado a dudar, a estrechar la amplitud de vuestra conciencia, para que consideréis verdadero sólo lo que puede ser probado por la inteligencia científica de cada época, o que creáis en el milagro como evento muy raro realizado, con copyright, por personas declaradas santas tras ser sometidas a una larga y agotadora burocracia eclesiástica ¡que en santidad y milagros debería ser experta! A lo largo del siglo se os ha dicho que la imaginación era una pérdida de tiempo inútil, improductiva y engañosa... que el sueño era exclusivo de los durmientes o de mentes visionarias, no de personas serias. ¿Cómo podíais así contemplar una realidad más amplia y extraordinaria?

La imaginación lleva el pensamiento allende de las fronteras de la realidad sensorial, en un espacio-tiempo donde caben infinitas posibilidades. Sin estas visiones, que en todas las épocas alguien ha captado, no se hubiera producido vuestra evolución, los grandes descubrimientos, no habría esperanza de asistir al mundo maravilloso que vislumbráis en el futuro. Todos viviríais atados a las cadenas que un día aceptasteis llevar.

Ésta es una época de despertares. Vuestro tiempo actual ha empezado a cruzar el puente de Luz que os conecta con lo extraordinario de una realidad expandida: ya vivís en él.

Lo que llamamos extraordinario está a vuestro alrededor. Respiráis su esencia con el aire que os llena los pulmones, camináis a su lado un paso tras otro, podéis atravesar su umbral a cada decisión que tomáis, a cada comprensión a lo largo del camino de la vida... está dentro de vosotros y podéis acceder a él en el mismo momento en que os abrís para contemplar sus posibilidades, dando a vuestro pensamiento la oportunidad de imaginar su potencial.

Si desplazáis un poquito el límite de vuestras creencias, de vuestras dudas, de las opiniones a las que os aferráis, delante de vuestra conciencia se ofrecerá un paisaje más amplio. Como cuando desde la cumbre de una montaña vuestra mirada puede alcanzar horizontes antes sólo soñados, vuestros sentidos son por así decirlo reprogramados para percibir lo que antes desconocían y «algo» en vosotros parece haber encontrado una medida y una colocación más adecuadas... como la pieza de un rompecabezas que se coloca en el espacio exacto que corresponde a su forma. Y os sentís vigorizados, vuestra mente se aclara y los pensamientos más lúcidos pueden seguir la senda de nuevas comprensiones, de una nueva realidad que estaba allí sólo que todavía no la habíais visto... En ese instante habéis trascendido la idea que teníais de vosotros mismos y de la realidad que os rodeaba. Una parte de vosotros, que antes creíais firmemente la única real, ya no está... reemplazada por otra que, sin lugar a dudas, también juzgáis y sentís del todo real. ¿Cuántas veces os ha ocurrido? Si pensáis en ello veréis que os ha pasado infinitas veces. ¿Qué es lo que ha ocurrido? ¿No veis que es cuestión de cómo pensáis las cosas? Así como definís los términos dentro de los cuales apresáis o dais movimiento a los pensamientos, esos mismos términos representarán la meta que imponéis a vuestra conciencia. Y lo que viviréis será exactamente su reflejo y su resultado.

Sabed que al ampliar los límites de vuestra conciencia os sumergís conscientemente en la Conciencia Universal de la que no sólo formáis parte, sino de la cual estáis hechos; la del Amado que insufló en vosotros la Vida infinita, sin un principio ni un final... Mientras que vosotros pensáis en términos dualistas de antes y después, de principio y final, de nacimiento y muerte.

Habéis otorgado tanta fuerza a la inevitabilidad de la muerte que se ha adueñado de vuestras mentes y vuestros cuerpos. Y llamáis vida sólo al espacio de tiempo entre vuestro «nacimiento» y vuestra «muerte». Pero en lo más hondo de vosotros, como una perla preciosa que reposa en los abismos marinos, sabéis que sólo está la Vida, sin principio ni final. Como un círculo del que no podéis decir dónde termina y dónde acaba… Mirad a vuestro alrededor: ¿Consideráis extraordinario el hecho que respiréis, que vuestro cuerpo crezca, que una flor se abra, que un fruto madure? ¿Decís que no sólo porque sabéis algo de ciertos procesos químicos y físicos? ¿Qué es, pues, para vosotros lo extraordinario? ¿Lo trascendente? Si queremos sustituirlo con otra palabra podríamos decir… maravilloso. Podríamos decir que todo esto es maravilloso, esta fuente de belleza, amor, goce… ¿No veis que todo es «extraordinario»? ¿Y no os parece maravilloso, o extraordinario, como queráis llamarlo, poder sentir sentimientos de amor?

Podéis cambiar el aspecto y los contenidos de vuestra realidad y de la de vuestro mundo en el momento en que hacéis sitio a lo extraordinario, a lo maravilloso en vosotros. ¿Cómo podríais ser menos que extraordinarios ya que cada uno de vuestros ánimos vibra de la Sustancia Divina que lo compone y anima? ¿Y… motiva? ¿Quién es el alquimista que lleva a cabo la Gran Obra que trasciende la materia bruta transmutándola? ¿Dónde está su laboratorio si no en el secreto de vosotros mismos, en vuestro propio corazón?

Ritual

Pedid algo de tierra, ligera y esponjosa, a un bosque. Toma unas semillas. Podéis comprarlas o bien utilizar las de un fruto que hayáis comido, y en la intimidad de vuestro hogar, ponedlos a germinar, colocándolos en la maceta donde habéis colocado la tierra. Regad y cuidad lo que crezca. Contemplad la maravilla que se produce, entendiendo que lo que está aconteciendo ante vuestros ojos también está aconteciendo dentro de vosotros... Y después pensad: ¿cómo es el mundo que deseo realizar? Imaginadlo y luego empezad a crearlo formando pensamientos y sentimientos correspondientes a los ideales que deseáis y a los que habéis ofrecido las primeras semillas en la tierra feraz de vuestro corazón.

9. Magnolia ☙ Gratitud

Os estamos inmensamente agradecidos por las cualidades que se desprenden de vuestro corazón... Que esto no os sorprenda... Sois seres magníficos y resplandecéis de una Luz purísima cuando vuestro corazón se abre a sentimientos de amor, amabilidad, altruismo, dulzura hacia lo que os rodea. ¿No sentís acaso el gran goce que os invade cuando vosotros mismos reconocéis lo sublime que hay en vuestro interior? Cuando os oís diciendo: «Gracias, Dios mío, por todos estos Dones que has puesto en mí... Estos Dones que son la cualidades a través de las cuales te siento más cerca, te siento vivir en mi corazón. Gracias por esta felicidad que recibo...».

Cuánta beatitud alimenta la tierra del alma cuando decís gracias desde lo hondo del corazón. Cuando reconocéis, cuando os dais cuenta de estar recibiendo, cuando abrís las ventanas para que entre la ola de este aliento en vosotros os enriquecéis con esa alegría y esa paz que buscáis sin cesar. Si lograrais daros cuenta de todo lo bueno y del bien que recibís en cada instante de vuestras vidas, podríais dar las gracias en todo momento. Podríais vivir vuestra vida en la celebración del amor, porque os daríais cuenta de que cuanto más recibís más deseo tenéis de ofrecer a otros la Luz que aumenta en vosotros. Y cuanto más ofrecéis, más recibís... Mirad... Ofreced una mirada más objetiva a lo que tenéis, más que a lo que «no» tenéis. Hacedlo a partir de las cosas que a primera vista juzgáis más pequeñas, más obvias, aprendiendo a apreciarlas para que se os revele su valor. Existe un porqué de su estar en vuestra vida, un porqué os acompañan. Pensad... En el mismo instante en que decís gracias, estáis donando un rayo de amor a quien os ha hecho un regalo a vosotros. Podríamos definirlo como un acto de generosidad, porque en el sentimiento de gratitud habéis reconocido el bien que procede del otro y, al reconocerlo y aceptarlo, le estáis ofreciendo la oportunidad de recibir a su vez el goce de su generosa y amorosa acción hacia vosotros. Mirad... ¡cuánto oxígeno! Qué respiraciones más profundas y amplias, de uno a otro. No lo esquivéis nunca porque este flujo, si no lo interrumpís encerrándoos, es amor en acción, es energía vital que se renueva y vuelve a fluir libremente por vuestros canales purificados.

A veces tenéis miedo de perder esta energía preciosa e indispensable si dais demasiado, o bien os espanta la idea de que alguien o algo os la robe. En parte tenéis razón. Sin embargo, este miedo cierra y obstruye vuestros canales y vuestros centros de energía, y es por esta razón que, en la mayoría de los casos, os sentís agotados. Queda poco espacio para el flujo de energía benéfica y vigorizante. Y vuestro agradecer se convierte entonces en poco más que un formalismo social. Encerrados en vuestra defensa olvidáis ese otro agradecer… Ese sentido de gratitud que es el «clic» del interruptor que hace resplandecer vuestro corazón.

Cuando estáis abiertos dais de manera espontánea lo mejor que hay en vosotros. Si cada vez que dais sentís gratitud por haber podido amar de nuevo, ¿cómo podéis ser privados de lo que vive en vosotros?

El amor que sentís y que donáis es como el agua de un manantial puro y transparente. El Manantial se halla en vuestro corazón y de él bebéis, porque su agua nunca deja de manar. Sólo vosotros podéis detenerla, durante un tiempo, obstruyendo su flujo con las convicciones dictadas por vuestros miedos. Que a veces os llevan a levantar diques diciendo que «no sois capaces» de recibir… ¿Pero cómo podéis pensar no ser favorecidos por el flujo de amor? Todos recibís, quienquiera que seáis y hagáis lo que hagáis: tenéis el don de la Vida y sois amados incondicionalmente.

Cuando sentís sufrimiento es porque el Manantial de la Vida en vosotros está abriéndose paso en el muro que habéis construido para contenerlo: el amor no puede ser retenido, a pesar vuestro… La voz de esa agua cristalina os empuja a abriros nuevamente, a admitir cuando sois amados, a pesar de la forma en que a menudo os juzgáis y condenáis a vosotros mismos.

Sed generosos con Dios. Permitid que os ame. Lo hace a través de los Dones que os prodigó gracias a las cualidades que tenéis. Sois sus Hijos vivientes… Intentad que vuelva a renacer en vosotros la confianza en la alquimia de amor que os despierta y volved al camino hacia su inagotable Manantial…

Ritual

Regalaos un día o al menos unas horas de vacaciones de vuestros compromisos y buscad un lugar de Naturaleza, en la soledad que os permita estar en compañía de vosotros mismos. Buscad un rincón donde sentaros tranquilamente... El objeto de vuestra meditación es la sonrisa.

¿Qué sentís cuando alguien os regala una sonrisa? ¿Y cuando sois vosotros quienes regaláis la sonrisa, qué es lo que sentís? Cuando sonreís a alguien ¿por qué lo hacéis? Seguro que encontraréis muchas respuestas. Y que encontraréis Sonrisas y... sonrisas.

La Sonrisa también es una expresión visible de agradecimiento, ¿estáis de acuerdo? Cuando os sentís agradecidos sonreís sin daros cuenta, porque os sale espontáneamente, ¿no es cierto? ¡Os llenáis de levedad!... Ahora mirad a vuestro alrededor. Mirad la belleza y perfección que hay en todas las cosas. Dejad que os llenen. ¿No notáis cómo se relajan vuestros labios? ¿Cómo aflora una sonrisa? Vuestros ojos brillan de una Luz... ¿Habéis sonreído nunca a un árbol? ¿A una flor? ¿Habéis sonreído alguna vez al cielo, al viento, a la lluvia, al Sol?

Sed conscientes del sentido que dais a vuestras sonrisas: son la puerta de vuestro corazón. Ahora habéis vuelto a abrirla. Gracias, desde lo hondo de nuestro corazón, por lo que Sois.

10. Laurel ❧ Éxito

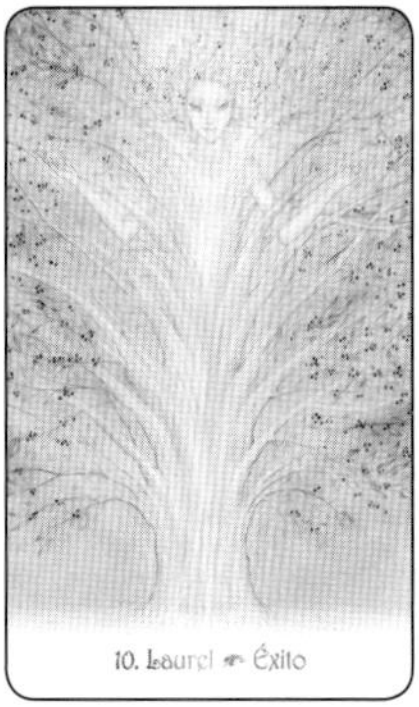

El éxito es el goce que sentís al alcanzar la meta que os habíais fijado. Pero es un goce directamente proporcional a la motivación, a la intención que es la causa y el motor que os empuja. A veces el deseo de alcanzar el éxito a toda costa es tan intenso que os impide ver los detalles que, no menos importantes, se hallan a lo largo de vuestro recorrido. Es como si condujerais, en una competición mal disimulada, un coche a la máxima velocidad sin tener en cuenta que en la misma carretera hay otros usuarios y perdiéndoos al mismo tiempo la belleza del paisaje que os rodea. ¿Cuántas veces habéis conseguido lo que queríais y, una vez alcanzado, os habéis sentido como vacíos, sin la satisfacción que habíais esperado? El mundo en el que vivís os empuja sin cesar a la búsqueda del «éxito». Convertido en una bandera que ondea ante vuestros ojos, seduciéndoos con un sinfín de objetivos a alcanzar. Sin embargo cada uno de ellos tiene menos realidad que un espejismo, porque es concebido según una visión estrictamente materialista de la vida.

Mirad las avalanchas de publicidad que sin pausa os vierten encima: ¿qué aspecto se les atribuye al hombre y a la mujer «de éxito»? ¿Qué clase de éxito se os propone? ¿Qué idea del mismo se proyecta en vuestra conciencia para dirigir vuestros pensamientos? Y os llevan a convertir a esos modelos en los espejos donde se refleja vuestra falta de felicidad, vuestra capacidad, vuestra belleza. De modo que acabáis, a pesar vuestro, queriendo pareceros a esos modelos. Estáis deslumbrados por la idea de satisfacción que creéis conseguir obteniendo esa imagen de vosotros, que sin embargo «otros» plasman. De hecho, el modelo de «éxito» que se os endosa os perjudica puesto que en su espejismo disipáis, sin ser conscientes de ello, toda vuestra preciosa energía, olvidando cada vez más vuestros recursos interiores, vuestra unicidad y vuestro derecho a pensar con vuestros propios pensamientos.

El deseo de éxito de unos pocos ha adormecido el mundo en un sueño hipnótico, embaucándolo con múltiples sueños de «éxito» que generosamente os está regalando para que ayudéis a realizar el suyo. ¿Recordáis el cuento de «El flautista de Hamelin»? ¿Es esto lo que estáis siguiendo? ¿Cuáles son las preguntas que aún no os habéis atrevido a formular? Cuando os dirijáis a los valores esenciales de la Vida que duermen en vosotros y los despertéis, las preguntas correctas empezarán a aparecer.

Hablamos de los Valores de verdad, no de esa moral variable según las modas y las culturas sociales, simple humo que a menudo ha ofuscado vuestra visión. ¿Cómo puede haber verdadero éxito, verdadero goce si el más débil no logra sobrevivir? ¿Y quién define vuestra debilidad y vuestra fuerza? Es a partir de vuestro despertar que se abrirá el camino de vuestro verdadero éxito: la meta que desearéis alcanzar, con la seguridad del goce que os espera. ¿Dudáis ser capaces de alcanzar la felicidad sin la ayuda de los efímeros sucedáneos que hasta ahora habéis aceptado, con la esperanza de lograrla? Os habéis resignado a creer que la verdadera felicidad es una utopía... Estáis viajando dirigidos por unos raíles, vislumbrados por un juego de espejos dirigido por alguien que sois vosotros... Cuando despertéis querréis bajar.

La felicidad es el alimento, la ambrosía que degustáis cuando todos los ingredientes se han mezclado en sus proporciones correctas. Los ingredientes son cariño, amabilidad, compasión, paz, comprensión, perdón, inteligencia, sensibilidad, ecuanimidad, respeto, coraje, humildad... Son éstos los ingredientes que vosotros mismos tenéis la capacidad y el poder de verter en el cáliz de vuestro corazón, y los encontraréis en el campo fértil de vuestra alma, puesto que son hierbas balsámicas que allí crecen lozanas, y gracias a ella podréis alcanzar la curación, de vosotros mismo y del mundo en el que vivís.

Cada logro en la oferta y el intercambio abierto entre vosotros y el otro es un éxito. ¿No sentís acaso alegría cuando la ofrenda de vuestro amor ha calentado el corazón del otro? El verdadero éxito es la conquista del Ideal que duerme en vuestro interior. Vuestra meta es el encuentro con vuestra verdadera identidad... Para el que descubre la meta en sí mismo, el camino se aplana hacia un éxito seguro. Lo creáis o no, es así... y la experiencia material del mundo actual lo va a demostrar, y todos despertaréis a esta verdad... Cuando perseguís el éxito interior y espiritual, la materia del mundo se «plasma» bajo vuestras necesidades como la plasticidad de la arcilla bajo las manos de un artista. Decidid no dejaros «plasmar» por ella: el poder que le habéis otorgado os está moldeando según sus leyes. La insatisfacción que sentís es prueba de ello. Sed conscientes de vosotros mismos en vuestras decisiones: escuchad si vuestro Corazón las aprueba y, de ser así, no dudéis más, porque ya estaréis en el camino correcto hacia vuestra meta. Y todo lo que encontréis a lo largo de la senda, aunque bajo forma de dificultad, lo podréis ver como oportunidad y no como obstáculo. Echad mano de vuestros «ingredientes» interiores y usadlos. Y así llegaréis y todo el Cielo vendrá a vuestro encuentro para acompañaros a lo largo del camino.

Ritual

Sentaos en la calma de un jardín, de un parque público o de otro espacio natural a vuestro alcance. Llevaos un papel y un bolígrafo. Después de sintonizaros con la energía del lugar, buscad en vuestro interior todos los «ingredientes» de que disponéis. Haced una lista y valorad su acción en vuestra vida: ¿cuál de ellos es insuficiente? Escribidlo en el papel con la intención de añadirlo en «cantidades» mayores... Dobladlo y apretadlo en vuestras manos a la altura del corazón. Otorgad a este propósito el poder de realizarse en vosotros y declaradlo: «A partir de este momento añado el ingrediente de... en mi vida y confío en el éxito». A continuación ofreced vuestro amor al mundo entero.

Llevad este papel en vuestra cartera. Recordad que toda buena receta para ser perfecta necesita cuidados y atención. También hay que vigilar la llama en la que se está cocinando. Si os descuidáis se malogrará.

11. Plátano ☙ Determinación

11. Plátano ☙ Determinación

La determinación es una cualidad que implica firmeza y perseverancia en la persecución de un fin, teniendo claros los términos que podrán permitir su realización. Cuando vuestros planes no encuentran oposición todo os parece fácil y os sentís determinados a continuar, como si os acompañara y estimulara el suave viento de primavera, que transporta las semillas de vuestro objetivo hacia su realización. Sin embargo, cuando el viento se muta en tempestad vuestra determinación puede flaquear. Cobra importancia entonces la firmeza de vuestras raíces: las bases sobre las que os habéis construido a vosotros mismos y habéis tomado vuestras decisiones. Decidir significa optar por una cosa y no por otra.

A veces afirmáis haber decidido, mientras que en realidad sólo os habéis adecuado a un temor, a una sensación de inseguridad, o a una imagen de orgullo que no reconocéis. En definitiva, actuáis como el zorro del cuento que, tras intentar alcanzar sin éxito un jugoso racimo de uva situado a demasiada altura, se fue todo orgulloso afirmando que ya no le apetecía porque estaba verde... La determinación implica el uso de la inteligencia, que sabe encontrar soluciones, pero no puede prescindir de la humildad.

Algunas decisiones os parecen tan fáciles que a menudo dejáis que se deslicen en automatismos, como por ejemplo la de seguir tomando el coche para ir al centro sólo porque en un principio os pareció más cómodo sin tener en cuenta posteriormente las posibles sanas variantes de otras opciones. El mismo automatismo os afecta también en muchos de los comportamientos que habéis adoptado a lo largo del tiempo. Debido a la costumbre interiorizada no lográis verlos ni, por tanto, replantearlos, incluso cuando los beneficios iniciales se han convertido en desventajas.

Cualquier decisión, incluso la más banal, implica cierto grado de evaluación, y se toma en base al resultado positivo que se espera obtener. El objetivo siempre es un beneficio, una mejora respecto a la situación de partida. Con razón buscáis el bienestar y la serenidad que de él se deriva, pero la voluntad que desplegáis para conseguirlos muchas veces es una resistencia, una rebelión contra la corriente de la Vida que no aceptáis y aún no comprendéis. Raras veces mueve vuestra actuación esa voluntad que nace cuando la necesidad de aire, agua y alimento para el alma se vuelven tan urgentes que os empujan hacia el interior de vosotros mismos, provocando el descubrimiento de un Amor al que ya no querréis dar la espalda.

Al descubrir el automatismo que os condiciona empezáis a tomar conciencia de vuestras decisiones, dándoos cuenta de que cada vez sois más capaces de valorar elementos en los que antes ni siquiera pesabais. A medida que vais mejorando vuestro conocimiento del cómo y el porqué tomáis vuestras decisiones, y de cómo actuáis para conseguir un beneficio, empezáis a desprenderos de vuestro egoísmo, adecuando vuestras decisiones a un fin cada vez más elevado, que tendrá en cuenta y abarcará un bien superior también para los demás y el mundo que os rodea. Es el deseo de un bien superior, del que todas las cosas puedan beneficiarse, que empieza a dar forma, a definir vuestra auténtica voluntad de actuar para conseguirlo. Mientras sigamos culpando a otros por las consecuencias desagradables que nos afectan no saldremos de una forma de pereza interior que delega en otros la responsabilidad de una mejora. Sin embargo, cada uno de vosotros es responsable de la cualidad de su propia vida y de la cualidad de la vida... del mundo entero, cualidad que depende de que seáis conscientes de cada decisión que tomáis. Las decisiones «exteriores» son consecuencia de las interiores. A veces lo que llamáis voluntad de perseguir vuestros objetivos o de mantener cierta «posición» se convierte más bien en obstinación.

Cuando sois conscientes también estáis dispuestos a poneros en discusión, a replantear vuestras acciones y observar con más detenimiento la visión que tenéis de vuestro fin. Tenéis la capacidad de comprender cuánto os habéis alejado de él, o hasta qué punto era confuso y plasmado por vuestras creencia y vuestros juicios.

Cuando vuestra voluntad se despliega al servicio de un bien mayor, se aleja cada vez más del deseo de logros estrictamente personales y os recuerda el fin real de vuestra vida. En estos términos es en los que vais a desarrollar la cualidad de la determinación, para la que no podréis prescindir de disciplinaros vosotros mismos en base a los valores y principios que sentís despertar en vosotros.

Cuando confiáis vuestra voluntad a la Voluntad que desde siempre y sin cesar sólo persigue vuestro Bien, pasáis a participar de su Diseño y, aunque no podáis concebirlo en su totalidad, intuís y sentís que las decisiones que tomáis son correctas, puesto que sentís cómo el Bien llena todo vuestro ser. Entonces elegiréis libremente, con la libertad interior de vuestras acciones, determinadas por la voluntad de un Bien que por fin puede emanar de vosotros, alumbrando cada uno de vuestros pasos, mientras que la claridad que produce os permite mirar mejor y más profundamente en vuestro interior y al mundo que os rodea.

El ejercicio del «libre albedrío» es participación consciente en la Voluntad divina que os lo ha donado. Cuando comprendéis que la Divina Presencia está en vosotros y que el Bien que deseáis es vuestro destino, vuestra voluntad egocéntrica reconoce la inconsistencia de su poder refugiándose entre los brazos amorosos de Su Voluntad, de Su inagotable Poder de Amor. Ese Poder que poco a poco aprendéis a reconocer y a amar en vuestro corazón. Y haréis entonces todo lo posible para que pueda manifestarse.

Esto es la Determinación. Suya es la voz que oís en el corazón y que podéis escuchar sin temor a equivocaros. Suyo es vuestro corazón... y vuestro es el Suyo, porque sólo sois Uno con ese Poder. Vivid pues vuestra vida y sed vivos en todo lo que hagáis con luminosa determinación: no hay acciones pequeñas o grandes, más o menos dignas de mérito, cuando elegís y actuáis con el corazón.

Ritual

Tomad un papel y un lápiz o rotuladores. Elegid un árbol que os inspire por su forma, por su vigor, por una sensación que os provoque y que os atraiga. Sentaos y observadlo. A continuación dibujad la imagen de un árbol, o retratad el que estáis contemplando. No valoréis vuestro más o menos desarrollado talento artístico, ya que no es éste el objetivo. Dejaos ir y ejecutad el dibujo con calma, con el gusto y el disfrute de hacerlo. No tengáis prisa en acabarlo. Mientras dibujáis, pensad en sus raíces que, parecidas a las ramas, se extienden para sostenerle, a su corteza, a sus hojas... Tal vez haya pájaros que se detienen en su copa, tal vez allí tengan sus nidos. Mirad al árbol desde la óptica de su vida, de su esencia, de su manifestación, del sentido de su presencia en la Tierra.

Metafóricamente un ser humano y un árbol se parecen, con la diferencia de que el ser humano tiene sus «raíces» en el Cielo y sus «ramas» en la Tierra, o sea las herramientas de realización que traducen en «frutos» sus acciones. Lo que el hombre realiza en la Tierra se alimenta de los elementos celestiales a través de sus «raíces» así como el árbol lo recibe de los que ahondan en el suelo. Sin embargo ambos, para poder vivir, necesitan la luz para transformar en sutil lo bruto.

Una vez acabado el dibujo dadle la vuelta y miradlo a través de este pensamiento: el árbol levanta sus frutos hacia el cielo, vosotros realizáis los frutos del cielo en la Tierra. Os dejamos las consideraciones más amorosas y luminosas...

12. Higuera ❧ Flexibilidad

12. Higuera ❧ Flexibilidad

Flexibilidad... Mirad cuánta flexibilidad hay en la Naturaleza... Mirad cómo las raíces de los árboles se extienden en la tierra que los sostiene superando las piedras que encuentran, cómo el agua del río corre hacia el mar, adaptando su lecho a los obstáculos que surgen en su camino, cómo el viento desliza sus dedos entre las verdes copas de las plantas, que ondean y se doblan secundando la fuerza que las contrasta. Hay mucha inteligencia en esta sumisión aparente. Fijaos cuán dócilmente la dureza se rinde frente a la suavidad, sin renegar por ello de la esencia de sí misma... La forma que se endurece para oponerse a una fuerza que la embiste sólo puede resistir durante cierto tiempo, pero tarde o temprano está destinada a romperse, partirse... Cuántas veces emprendéis esta lucha con vosotros mismos. Cuánta energía preciosa disipáis sin saberlo en el intento de mantener inalterada la forma interior que os habéis dado a vosotros mismos: a vuestros pensamientos, a vuestra fe.

La naturaleza del pensamiento es fluida y flexible como el aire... La esencia de los sentimientos tiene la fluidez tenaz del agua que, gota a gota, penetra en la roca para finalmente manar de un manantial que crece muy pronto en torrentes y luego en ríos, hasta volver al mar... ¿Qué ocurre cuando sumergís vuestro cuerpo en el agua? Se desplaza para dejaros sitio. Y cuando os movéis y andáis el aire hace lo mismo. Pensad en ello. Tal vez el problema estribe en la idea que tenéis del espacio que pensáis que es vuestro cometido ocupar y defender, en el lugar que asume la inmovilidad de ciertos pensamientos vuestros, de ciertos prejuicios. El espacio es fluido e infinito, es conciencia, es pensamiento.

La Naturaleza se halla sumergida en la Esencia que la compone y responde fluidamente a ella. Vosotros traicionáis vuestra naturaleza, vuestra esencia cada vez que, al sentiros contrastados, os endurecéis. Vuestra angustia y vuestros malestares se amoldan a la forma interior que habéis contraído en vosotros mismos. Mirad cómo reaccionáis, por ejemplo, si alguien de repente «se cuela» delante vuestro cuando, después de una larga espera a una ventanilla de un despacho, llega vuestro turno. Intentad analizar desde otro prisma cómo aquella persona, con su comportamiento, os hace sentir y lo que pensáis en esa situación. ¿Qué os revela del juicio que os merece? Relajaos con pensamientos más amplios, dejad que vuestra naturaleza diluya vuestras emociones en sentimientos más verdaderos y profundos. ¿Qué perdéis de vosotros mismos si los secundáis si no la rabia, los nervios, la angustia, la frustración? Ser flexibles no significa humillarse, sino buscar dentro de sí respuestas creativas a los percances, saber acudir a la naturaleza creativa del pensamiento.

La fuerza de la Vida no cede a la resistencia que pretende negarla, porque es la sustancia básica, la Esencia misma de todas las cosas, asentándose en el corazón de cada ser para despertarlo, suavizar sus contornos, para ser reconocida, tomada, creída y vivida fluyendo por ella. Es en el encuentro con vuestra flexibilidad que, al verla, podréis comprender las oportunidades que os brinda. Cuanto más os endurecéis ante cualquier obstáculo, más éste se erige ante vosotros con una fuerza que aumenta de forma proporcional a la cantidad y cualidad de la que le oponéis. Si cedéis con flexibilidad a vuestros «pre-juicios», os resultará mucho más fácil comprender el sentido y el mensaje de lo que os obstaculiza, y vuestra lucha se aplacará en un lago de paz. Incluso los elementos de la naturaleza no se verían «obligados», para restablecer los equilibrios necesarios, a responder al impacto violento de vuestros pensamientos destructivos, y allende, en esta hermosa Tierra nuestra, reinaría la suavidad de una eterna Primavera.

Ritual

En la calma de un bosque, en su silencio animado por los susurros de las criaturas... En la atmósfera mágica que lo impregna... llenad de aire vuestros pulmones, conscientes de que cada inspiración os insufla su benéfica energía. Respirad la Vida y dejad que penetre en vosotros hasta que en vuestro interior algo «vibre», en sintonía con ella. Fluidez.

Sentid la dulzura y la sensación relajante que esta «palabra» os infunde, cómo llega hasta vuestro corazón, que cada vez se armoniza más con todo lo que os rodea.

Con suavidad preguntaos cuál es el comportamiento ante el cual reaccionáis endureciéndoos cuando alguien os contradice de alguna forma. Visualizad vuestra reacción y lo que sentís cuando la ejercéis. Ahora imaginaros actuando con amor, de forma distinta de la habitual, y escuchad lo que sentís en vuestro interior. ¿Algo en vosotros suena de forma más armoniosa? ¿Os sentís más «en vuestra piel» en esta nueva visión de vosotros mismos? ¿También la otra persona reacciona a vuestro cambio? Respirad hondo y escuchad. El amoroso Poder de la Vida fluye rápido en vosotros y da fuerza a vuestros creativos pensamientos y a vuestros sentimientos… Ofreced a ese Poder, que está en vosotros y por doquier a vuestro alrededor, esa peculiar rigidez vuestra, imaginando que se rompe en millones de chispas de luz y declarad lo que habéis sentido que podéis ser, opuesto a esa rigidez. Agradeced con el corazón el cambio que el Amor producirá en vosotros.

13. Nogal ❧ Equilibrio

13. Nogal ❧ Equilibrio

El equilibrio es este lapso de tiempo que pasa entre un respiro y otro; ese breve intervalo en el que la ola queda suspendida antes de romper en la roca... esa pausa momentánea en la que los platos de una balanza permanecen inmóviles porque tienen el mismo peso... de la misma forma os sentís en equilibrio cuando los opuestos que se agitan en vuestro interior encuentran su estabilidad. Y os sentís ligeros y satisfechos, tranquilos y apaciguados, cuando habéis sabido oponer, al plato que os arrastraba hacia abajo con su peso, lo que ha llenado el otro de vuestra balanza interior. Quisierais entonces que el bienestar del equilibrio alcanzado durara para siempre.

No obstante el movimiento de la Vida empuja muy pronto otras olas que se rizan, se levantan y vuelven a extenderse, una tras otra, en un incesante vaivén. Os sentís entonces empujados por la necesidad de hallar un nuevo equilibrio y la búsqueda de la paz parece no encontrar nunca un final.

Cuanto más os agarréis al deseo de retener el equilibrio que acabáis de alcanzar, más arriba os empujarán las olas y más abrupto será el descenso y, al igual que en una lucha contra un enemigo invisible, caéis, os rebeláis, chilláis de sufrimiento, de desespero... Pero la paz que habéis sentido y que conocéis, ese instante de perfecto equilibrio interior, se produce cada vez que la luz de una mayor comprensión se enciende en vosotros.

El bien y el goce que experimentáis, y que llamáis equilibrio, son propios de la Esencia que vive entre los tumultos de las fuerzas opuestas que os sacuden. La Esencia que existe en el espacio entre estos tumultos y con la que os fundís en el momento del equilibrio. Veis lo que se os opone actuar en vosotros y fuera de vosotros en lo que llamáis dualidad, en la escisión de vosotros mismos a la que habéis otorgado el poder de actuar en vuestra vida. Y es precisamente el deseo de reuniros con vuestra propia esencia lo que vive en ese espacio, en la paz y el goce, que os empuja en la búsqueda de nuevos equilibrios, para que conquistéis una comprensión cada vez más verdadera y consciente del mundo y de vuestra propia y real naturaleza.

Los hemisferios de vuestro cerebro responden a vibraciones que se expresan con características y formas distintas con el único objeto de reactivar la membrana que parece dividirlo en dos mitades. Como dos entes, uno masculino y el otro femenino, se reconocen y, con recíproco amor, comprendiéndose, aceptándose y acogiéndose, se completan en sí mismos y se funden en una única alma, así vuestros opuestos interiores de reunirán finalmente en el equilibrio permanente de una unidad. En un principio, como dos desconocidos que se miran con algo de desconfianza, os acercáis cautelosos, luego os medís y os enfrentáis como para ganaros el privilegio de una supremacía. Pero poco a poco empezáis a comprenderos, a buscar ayuda el uno en el otro, un soporte recíproco. Empezáis a desear que el otro sea feliz y le ofrecéis algo de vosotros. Recíprocamente os llenáis así del cariño de estos cuidados hasta descubrir finalmente que ya no podéis prescindir del otro. Y reconocéis en vosotros el amor que ha realizado esta lenta transformación, y entonces los diapasones de vuestros corazón vibrarán al unísono.

La paz y el gozo serán los complementos que vibrarán en cada átomo de vosotros mismos y en vosotros surgirá el deseo de liberar la vibración de una nueva vida que surja del amor que os ha unido. ¿No es esto acaso lo que quisierais realizar? Todo lo que vivís os muestra el contraste, pero también su solución, y lo que más deseáis en la profundidad de vuestra alma tenéis la oportunidad de conseguirlo aquí, en vuestras «mañanas soleadas» y en vuestras «noches oscuras», aparentemente opuestos, pero en realidad complementarios… porque juntos completan el día.

Ritual

Tomad una cáscara de nuez que hayáis abierto (observad el parecido que hay entre el fruto y los dos hemisferios del cerebro). Vaciad las dos mitades de la cáscara. A continuación escribid en dos pedacitos de papel una cualidad que creéis que debería expresar lo masculino y lo femenino que hay en vosotros. Dobladlo e introducid cada una en una mitad de la cáscara, cerrad de nuevo las dos partes. Ahora cavad un pequeño agujero a los pies de un árbol que hayáis elegido y enterrad la cáscara de nuez. Bendecid y agradeced lo que simbólicamente acabáis de hacer, pensando y sintiendo que esas cualidades se van a reunir en vosotros a través de la acción consciente que ahora tenéis de ellas, permitiendo de esta forma que dos aparentes opuestos se encuentren y reúnan. Habéis enterrado conscientemente una semilla y así podrá dar vida a un fruto que madurará en vuestro corazón.

14. Castaño ~ Verdad

Qué es la verdad? Algo que se esconde, como mi fruto, en el zurrón espinoso de las ilusiones... La ilusión es la apariencia, el espejismo en el que creéis a través de las ideas que os habéis hecho sobre la vida, el mundo, los otros, vosotros mismos, Dios... A través del sistema sensorial que os permite percibir os llegan sensaciones que a menudo tomáis al pie de la letra, como verdades absolutas o, por el contrario, rechazáis con fuerza; o incluso, al no concederles la atención necesaria, no dejáis que penetren hasta vuestro corazón, donde podrían revelaros aspectos importantes de vosotros, generando iluminadoras intuiciones.

Pensad en cuántas sensaciones os embisten sin cesar mientras vuestros sentidos permanecen activos en estado de vigilia. Ni siquiera imagináis los miles de millones de imágenes, sonidos y olores que vuestros sentidos registran a cada instante. Cada una de esas sensaciones actúa en vosotros en distintos grados, mientras que sólo unas pocas parecen alcanzar el nivel de vuestra conciencia. A menudo las infravaloráis y no comprendéis el porqué de vuestro agotamiento, de vuestros nervios y el origen de las emociones desagradables que a veces sentís. Tal vez creáis ser víctimas de algún trastorno, mientras que en realidad estáis sufriendo el resultado de la multitud de sensaciones desequilibrantes que os han bombardeado en el tiempo que habéis quedado expuestos a ellas.

Podéis tomar conciencia de la cualidad de esas sensaciones y decidir eliminar algunas, evitando por ejemplo mirar el telediario durante las comidas. Y muchas más de esta clase. Cuando quedáis negativamente «impactados» es mucho más fácil que la ilusión se abra camino hacia vuestro interior. Cuando os halláis debilitados y confundidos interiormente vuestros miedos encuentran la forma de reaparecer.

El miedo os empuja a creer en lo que se os enseña con una facilidad que puede sorprenderos, porque os conecta con las mismas energías de miedo que os rodean. Energías que actúan en vosotros, alejándoos de la verdad que podríais vislumbrar si, por el contrario, os hallarais en un estado de calma y claridad interior. Por esta razón un nada puede generar el pánico entre una muchedumbre, con consecuencias a veces catastróficas. O, por el contrario, un ensombrecimiento de la inteligencia puede provocar que muchos sigan lo que hacen otros sin preguntarse adónde realmente los están llevando. Optad por recibir cuantas más sensaciones benéficas podáis para que puedan mejorar la cualidad de vuestros pensamientos. Optad por donar de esta forma un bálsamo a vuestras emociones, de modo que también la cualidad de vuestros sentimientos pueda resultar mejorada, amplificada. Gracias a este «alimento» podréis acercaros a la verdad más allá de las ilusiones. No digáis que ciertas sensaciones no os afectan, que podéis acostumbraros a cualquier ruido hasta dejar de oírlo.

Vuestra alma tiene la sensibilidad de una película fotográfica, siempre expuesta y lo que vive y se mueve a vuestro alrededor la impresiona, tanto si sois conscientes de ello como si no. Si buscáis la verdad, tenéis que poneros en una disposición que os permita ser más objetivos, y no podréis serlo con los sentidos obstruidos por el estruendo. La verdad se os revela en el momento en que vais a buscarla en el sitio adecuado; ya está en vosotros y, gota a gota, como perlas de rocío, formará el remanso de paz donde la contemplaréis. Nadie posee la verdad. Nadie es dueño de la verdad absoluta hasta que no haya sido absorbido y se haya compenetrado con lo Absoluto. Quien quiere convenceros no merece nunca un crédito incondicionado.

La verdad es revelación y sólo podéis creerla aprendiendo a vivirla en vuestro interior, no pretendiéndola de quien como vosotros no la conoce todavía... Surge en vosotros como el agua de un manantial que brota de repente, como un rayo de Sol que ahuyenta la oscuridad llenando vuestro corazón con su Luz. Mientras resplandecéis de esta nueva comprensión, la verdad que habéis reconocido también os hace comprender que tan sólo habéis rozado una extremidad del velo de su vestimenta. Y sin embargo, y a todos nos ocurre lo mismo, cada vez somos algo más iluminados, algo más cercanos, algo más completos, algo más libres... algo más felices.

Ritual

Id en cuanto podáis a un bosque. En ese lugar dedicaos unas horas a la búsqueda de lo invisible... de la invisible vida que discurre sin que vuestros ojos la vean alrededor.

Buscad las formas más pequeñas: levantad las hojas, miradlas a contraluz, observad desde cerca la corteza de un árbol, hurgad delicadamente entre las briznas de hierba, las ramitas de las plantas, en los setos enmarañados... Encontraréis un mundo hormigueante de vida, perfecta, tal vez ignorante del hecho que alguien la está observando. Rozad, acariciad las cosas como nunca lo habéis hecho antes: con conciencia... No os canséis, hacedlo como un juego maravilloso, como cuando erais niños y queríais explorar el mundo y conocerlo buscando verdades con vuestras preguntas. Y, por último, cuando estas sensaciones os hayan colmado, sentaos y descansad tranquilamente contemplando en vosotros mismos lo que habéis recibido. Gracias... desde lo hondo de nuestro corazón.

15. Haya ❧ Compasión

Participar intensamente de la realidad del mundo sin dejar que nos avasalle... Participar del sufrimiento ajeno, suspendiendo todo juicio, con atención amorosa, sacada del inagotable depósito del Amor, el Amor mismo que ofrecemos... es compasión. Una expresión de sabiduría atenta que no censura ni absuelve por falta de conocimiento, que sin embargo es capaz de cargar en sus espaldas parte del peso del otro, respetando sus sentimientos... un fardo compartido que le permitirá caminar más ligero bajo una carga que nosotros también hemos conocido. Por esta razón la reconocemos en el sufrimiento del hermano y la hermana al que nos acercamos, deseosos de consolarlos con esa calidez que colma ahora nuestros corazones.

Cuando decimos «nuestros hermanos y hermanas» también nos estamos refiriendo a vosotros. Es en virtud de ese Poder de Amor que vive en nosotros, y que dejamos fluir libremente, que actuamos. La compasión es Amor en acción, y el sufrimiento se transforma en esta oferta de Amor, de modo que nuestros hermanos queden aliviados, no tanto por la disminución del peso, sino por la delicadeza, la suavidad, la ternura del rayo de amor que los ha alcanzado. Podrán así comprender con mayor facilidad lo que queda de su carga y deshacerse de ella, en virtud de la misma ley compasiva que también rige en ellos.

¿Compasión por sí mismo? Sí... Con cuánta sinrazón os condenáis a veces, y con cuánta indolencia valoráis indulgentes vuestros reiterados errores. Qué poco respeto, atención, consideración tenéis por vosotros mismos... «Ama al prójimo como a ti mismo»... Cuán incomprendida sigue siendo esta gran enseñanza. Es cierto, podéis amar a los demás en la medida en que os podéis amar a vosotros mismos. Ofreceros esa cualidad de amor que desde siempre hubierais querido recibir es compasión por vosotros mismos.

El mismo amor que queréis recibir y que ofrecéis a los demás, con la significativa sensibilidad del respeto, del tacto, de la discreción, de la estima que desearíais para vuestros adentros, os abre a la comprensión cada vez más real y tangible de lo que también os podéis regalar a vosotros mismos. No os olvidéis de vosotros, para que el río que fluye desde vuestro corazón no pueda secarse, dejando yerma vuestra tierra. Si os parece que no recibís bastante, ¿por qué no empezáis a regalaros a vosotros mismos la cualidad de los sentimientos que deseáis? A menudo, y es digno de admiración, vemos cómo os sacrificáis por los demás, con un gran espíritu de sacrificio, y sin embargo nos gustaría preguntar a algunos de vosotros si también tiene la misma disposición cuando se trata de pedir ayuda para resolver sus problemas personales.

También hay compasión en alimentar el goce del otro... multiplicando así el amor. ¿Lográis gozar en lo profundo por la felicidad del otro?

Esta faceta de la compasión es bastante desconocida, porque soléis aplicar el concepto de pasión sólo como sufrimiento, dolor y, sin embargo, pasión también puede entenderse como intensidad de sentimiento de amor, de sana ilusión... ¿Cómo os sentís cuando alguien sinceramente se alegra por vuestra alegría? No obstante, en la compasión no ocupáis el lugar del otro, porque en vuestro foro interior albergáis la intuición o el conocimiento de que a cada uno se le ha dado la posibilidad de conquistar su propia cumbre, y cada uno ha recibido este insustituible derecho a conocer, a atraer y a revelarse a sí mismo en la libertad y el goce de su propio Espíritu. Por este motivo nadie puede actuar en vuestro lugar, porque os privaría de ese sentido de certeza interior que sólo puede dar la experiencia del amor. Esa clase de experiencia consciente es vuestro privilegio... No sería, por tanto, compasión el intento de prevenir, proteger a quien amáis de toda experiencia dolorosa, cargando en vuestras espaldas su vida.

Recordad... Alguien puede indicaros el camino, pero vosotros deberéis alcanzar la meta. ¿Os conformáis con la descripción de una excelente comida cuando tenéis hambre? A veces resulta suficiente vuestra cariñosa presencia, silenciosa pero viva de amor y bendición... más fugaz que un breve cruce de miradas, para que el otro reciba lo que necesita, para sentir que en el hielo de su dolor ha penetrado un cálido rayo de Sol, para comprender que a partir de ese dolor empieza el camino hacia su liberación, hacia su ascensión. A veces ésta es la forma más compasiva que tenemos de actuar.

Ritual

En un bosque siempre hay algún árbol que crece más débil, que parece desmedrado, retorcido, sufrido, menos vital que los demás. Acercaos a él. ¿Cuánto tiempo lleva sin que nadie le ofrezca cuidados y atenciones? ¿Y vosotros? Tal vez haya pasado bastante tiempo desde la última vez en que os tratasteis con amorosa atención, en que os escuchasteis de veras… Lo que quisierais recibir es parecido a lo que necesita el árbol. A pesar de vuestra diversidad en ambos late la misma Fuente de Amor. Apoyad con suavidad vuestras manos en el árbol, y con el amor que sentís en el corazón habladle de la necesidad común de cuidados, dulzura, ternura… Tal vez vuestro parecido sea mayor de lo que creías en un principio.

Cuando sintáis que habéis comprendido el «mensaje» del árbol, transmitidle el amor, la benevolencia, la presencia que vosotros también necesitáis. Decidle que podéis ofrecerle lo que sois, con la sencillez del corazón, y que deseáis que vuestra sincera energía sirva para que recupere la confianza en sí mismo, recobrando con el vigor la capacidad de crecer fuerte y lozano… Y al mismo tiempo escuchad, lo que también ocurre en vuestro interior.

16. Abedul – Renacimiento

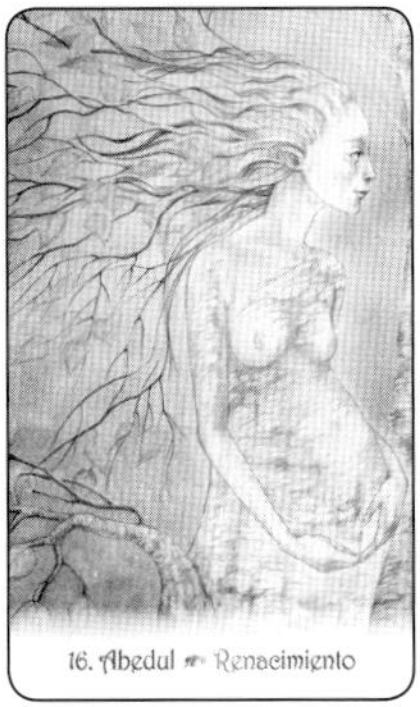

Dicen que el abedul fue el primer árbol en renacer después de la larga época de la glaciación, cuando el Sol de una nueva era volvió a calentar la Tierra.

Cada noche os acostáis confiando en la vuelta del Sol... habéis grabado en vuestro subconsciente la repetición de este evento, tranquilizados por su evidencia, que nunca os ha fallado, de modo que ya lo dais por seguro y casi nunca lo redescubrís en vuestra conciencia. Ya no le hacéis caso... Cuando por la mañana volvéis a abrir los ojos es normal que haya luz que la ilumina... ¿Cuáles son vuestros primeros pensamientos al despertar? ¿Hasta qué punto os distraen de la constatación que un día más estáis aquí, con los ojos que se han vuelto a abrir en un nuevo día? ¿Lográis sentir la magnificencia de todo ello con un profundo sentido de gratitud?

Decís que el Sol renace cada mañana porque lo veis aparecer al horizonte e iluminar la Tierra en la que camináis. Y sin embargo, ya lo sabéis, es la Tierra la que con su movimiento ha vuelto a mirarlo... Vosotros también cuando bajáis a la oscuridad de vuestra confusión interior estáis dando la espalda a la Luz y cuando finalmente entendéis lo que os atormentaba y limitaba en las tinieblas de vuestra mente, os volvéis de nuevo hacia el Sol, iluminados por su fulgor, es como si «surgierais», renaciendo a un nuevo día. Bajo la luz todo se vuelve visible y claro: podéis apreciar las oportunidades que se os ofrecen, y podéis aprovecharlas para seguir adelante con la realización de vuestros proyectos, de vuestros sueños. Y también la verdadera naturaleza de los obstáculos que surgen a lo largo de vuestro camino aparece más evidente y os dais cuenta de que sois capaces de superarlos.

Al igual que la Tierra, que a lo largo de su rotación siempre queda alumbrada por el Sol, vosotros también sois siempre calentados e iluminados por la potencia y naturaleza de «ese» Sol Divino que brilla en el centro de vuestro corazón. Dejad entrar de nuevo su Luz radiante en la conciencia de vuestra alma; la activaréis en el momento en que la recordéis dirigiendo la mirada hacia su esplendor, creyendo en su Poder así como creéis que el Sol mañana surgirá de nuevo... Cuando estáis cansados reposáis y luego soléis decir que os sentís como si hubierais vuelto a «nacer». De nuevo os sentís repletos de energía ¿no es así? Sin embargo, ¿cuánta energía derrocháis en pensamientos inútiles y absurdos que se repiten sin cesar en vuestro espacio mental como un disco rayado? ¿Cuánta ansia os distrae del estado de calma y serenidad en el que desearíais vivir? Os desvivís persiguiendo las contorsiones de los engranajes de un mundo que corre, casi sin aliento, sin entender cuánto y hasta qué punto en realidad esta forma de vivir es ajena a vuestra verdadera naturaleza.

Estáis tranquilos sólo cuando vuestra inclinación, vuestra natural predisposición a la luz puede manifestarse, es decir, cuando podéis expresar vuestras cualidades y talentos, cuando podéis vivir de forma más acorde con lo que sois.

Si dejáis que os ilumine el Ideal solar que sigue dormitando en vosotros, tomando la determinación de alcanzarlo, dejando que surja en vuestro horizonte interior, vuestra naturaleza volverá a cobrar confianza en sí misma y, al igual que la Tierra con el Sol, sacará fuerzas de una energía que se renueva cada día. Lo que más deseáis de la Vida depende en gran parte de vuestro despertar. Mientras sigáis atribuyendo al mundo la falta de vuestra realización seguiréis adormecidos. Podéis renacer en el instante en el que os dais cuenta de vuestro estado de sueño, del entumecimiento interior en el que os mecéis. Cuando os despertáis sois conscientes de que la luz de un Sol radiante ha vuelto a abrir vuestros ojos y, con un sentimiento de estupor y claridad que os deja estupefactos, os sorprende que antes no lograrais ver en vosotros mismos lo que ahora os parece evidente.

Cada vez que utilizáis conscientemente la cualidad del tiempo de vuestra vida estáis despiertos en un estado de presencia. O sea realmente estáis. No es casual que diga cualidad y no cantidad de tiempo, puesto que cuando pensáis en términos de cantidad ya pensáis en un límite que os procura una inútil angustia.

Por otro lado también vosotros lo habéis constatado, cómo se ha dilatado el tiempo, perdiendo sus fronteras ordinarias, cuando os habéis sumergido con placer y alegría en lo que estabais haciendo. Por tanto, es al parecer la cualidad que otorgáis a vuestro tiempo la que define la percepción de su cantidad. Cuanto más priorizáis su cualidad con la cualidad de vosotros mismos, más importancia pierde la duración del tiempo. Así aprendéis a vivir, en un estado de vigilia en el aquí y el ahora, en una especie de «ojo del huracán», sin ser arrastrados por la turbulencia que arrecia a vuestro alrededor.

Renacer significa volver a nacer, surgir a una nueva vida. Volver a encontrar en vosotros mismos el objeto de vuestra vida os hará renacer. El motivo por el que estáis aquí continuará llamándoos y no descansaréis hasta que no le escuchéis, hasta que no emprendáis su realización, realizándoos de esta forma a vosotros mismos en el goce infinito que deseáis vivir. Vuestra meta se encuentra entre los recovecos de vuestros talentos y cualidades no expresadas: lo que compone y da forma a vuestra auténtica naturaleza. Mirad, ¿cuáles son las flores de este jardín? ¿No veis qué Tierra magnífica y lozana sois?

Ritual

Dibujad una espiral en una gran hoja, empezando por el centro y siguiendo hacia el exterior. Ahora escribid en el centro la palabra «Yo» y en los extremos la meta que habéis vuelto a encontrar.

El signo de la espiral que se expande es el tiempo de vuestro camino hasta vuestra meta. Y ahora escribid, a lo largo de las curvas de la espiral, las cualidades que podrían ayudaros a acercaros cada vez más a ella. Para descubrir el objeto de vuestra vida, si es que todavía no lo sabéis, preguntaos cuál es el Deseo más grande que guardáis en vuestro corazón: lo que quisierais ver realizado para vosotros y para el mundo entero. Recordad que estáis unidos con todas las demás personas en la Luz de una Meta común que, finalmente, devolverá a la vida su auténtico significado.

El fin puramente personal es una ilusión que se hunde en el mar de la realización colectiva.

17. Avellano ❧ Percepción

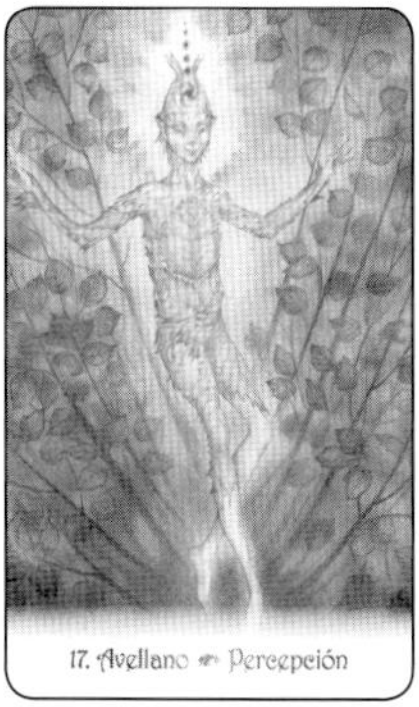

Hay realidades invisibles más cercanas de vosotros que las pestañas de vuestros ojos... realidades inefables que vibran a vuestro alrededor y, si creyerais en ellas, bastaría que alargarais una mano para rozarlas percibiendo su sutil consistencia. Con vuestros sentidos percibís la materia de las cosas de vuestro mundo, sin embargo perdéis este contacto con lo más sutil e invisible como el aire que acaricia vuestra piel, a menos que no lo remueva algo que lo cruza rápidamente, creando con su paso una ligera brisa.

La percepción que recibís de vuestros sentidos os permite conocer vuestra realidad. Sin embargo los sentidos tan sólo son los receptores de vuestra conciencia que traduce y filtra las impresiones que se le transmiten. Interpretáis esas sensaciones como emociones, o como una sucesión de pensamientos que os dan una idea de las cosas a vuestro alrededor. El sentido que más utilizáis es sin duda la vista, con la cual medís la realidad: creéis en vuestros ojos más de lo que pensáis. Es ésta la razón, por ejemplo, por la cual usáis el sentido del tacto sólo para tocar las cosas que veis.

No lográis tocar, en cambio, las estructuras magníficas que se encuentran en el interior de vuestro cuerpo, siempre que, claro está, no seáis cirujanos... Tenéis conocimiento de la existencia de esos aparatos, pero al no verlos los olvidáis, excepto si uno de ellos os transmite un estímulo doloroso. Pero si creyerais posible también la percepción de lo invisible, podríais detectarlo a través de esa cualidad más sutil de vuestro tacto, que en general no utilizáis. Intentad agitar una mano delante de vuestro rostro: ¿verdad que sentís el aire? La estáis tocando y, sin embargo, vuestros ojos no la ven. Por este motivo se dice que «los sentidos son engañosos», porque los limitáis a una percepción parcial de la realidad que veis. Y a menudo ni siquiera creéis en vuestras percepciones. De modo que habéis acabado teniéndole miedo a lo invisible, excluyéndolo de la capacidad, de veras sin límites, de vuestra sensibilidad de percepción, que habéis restringido a lo que vuestros ojos «quieren» ver. Y sin embargo, como bien sabéis, quien ha perdido el don de la vista «ve» mucho más sutilmente de muchos de vosotros. También vuestra «vista» puede afinarse.

El mundo en el que os movéis, amáis y vivís vuestra vida tiene la forma y consistencia de la amplitud de vuestras miras. Cuando os abráis a recibir percepciones cada vez más detalladas, sutiles, las impresiones que recibiréis serán más auténticas, porque penetrarán más a fondo que las primeras capas emotivas con las que las valoráis, y alumbrarán vuestra conciencia con relámpagos de intuiciones cada vez más apabullantes. La visión de vuestra realidad se expandirá por espacios que rozarán lo Infinito. El inefable Infinito donde vive ese «resto» de vosotros al que habéis cerrado el acceso con vuestra incredulidad y que es la maravillosa realidad que sois vosotros.

Habéis recibidos unos Dones maravillosos. Aprended a apreciarlos y a utilizarlos para conocer más profundamente lo que afirmáis saber. El infinito se encuentra en cada átomo que compone la estructura de la realidad que os envuelve y en cada átomo que da forma y función a vuestro cuerpo. Está en la Sustancia que imprime movimiento a vuestros pensamientos, emociones y sentimientos. Está en vuestras capacidades. Está en vuestros ojos que miran la belleza de una puesta de sol y en cada elemento que contribuye a lo maravilloso que estáis contemplando. Ese Infinito... Ese «algo» que se sitúa cada vez un poquito más allá de vuestras sensaciones, que podéis aprender a percibir abriéndole el corazón. Dad crédito a vuestras percepciones, pero siempre dejando abierta la puerta del corazón para que vuestra conciencia sea libre de avanzar un poco más, cada vez más cerca de la Verdad que está buscando.

Ritual

Buscad un lugar de Naturaleza y elegid el árbol que más os atraiga. Sentaos frente a él y miradlo con atención contactando con su ser. Luego acercaos y, cerrando los ojos, acariciad su corteza, las ramas y las hojas que alcancéis a tocar.

Prestad atención a las sensaciones físicas que este contacto os brinda, identificándolas, dando un nombre a cada una y después, más profundamente, sentid e identificad lo que estáis sintiendo en el nivel de las emociones y sentimientos. Ahora con calma sintonizaos percibiendo su linfa: el flujo vital que discurre por el interior de su cuerpo.

Abrazadlo, acercando vuestro oído a su tronco y cerrad los ojos... Manteneos abiertos, no dejéis espacio para pensamientos, juicios y prejuicios de cualquier naturaleza, y escuchad. Confiad en vuestras capacidades y percepciones e intentadlo una y otra vez hasta que oigáis el sonido de la linfa que fluye como la sangre por vuestras venas. Y no olvidéis dar las gracias al árbol y a vosotros mismos por esta «gota» de Infinito que está penetrando en vuestro corazón.

18. Sauce blanco ~ Amabilidad

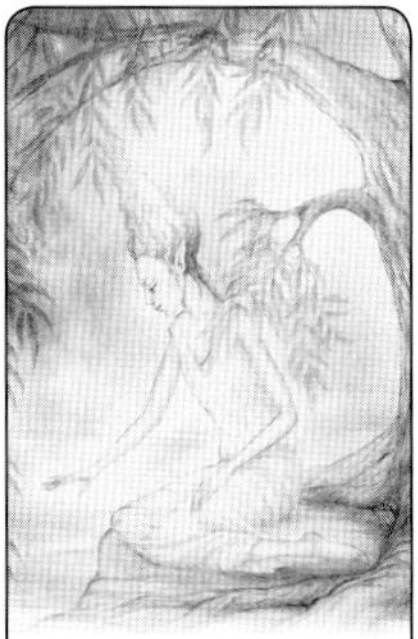

18. Sauce blanco ~ Amabilidad

La amabilidad es la expresión de una participación amorosa y consciente en todo lo que os rodea. Es sonreír con el corazón, con esa sonrisa que ilumina a quien se dirige. No es una condición formal que resulta forzada. Ya sentís cuando es así, ¿no es cierto? ¿Por qué fingir una sonrisa en un momento en el que no nos sentimos bien dispuestos? ¿A quién le sirve? Ciertas personas la han convertido en una máscara grotesca. Esa sonrisa «fingida» no comunica amor, muy al contrario, ofende el corazón y no hace bien a nadie, y mucho menos a quien la plasme en su propia cara.

Las actitudes amables surgen espontáneas cuando prestáis atención al otro, cuando lo tenéis en cuenta porque habéis establecido una comunicación con su corazón y no con su aspecto; cuando le respetáis porque sabéis que en él vibra una alma de Luz que, al igual que la vuestra, espera ser reconocida, y lo hacéis partícipe de vuestro amor. Entonces vuestra voz, vuestra mirada y vuestros gestos tendrán la fragancia exquisita de la verdadera amabilidad. Al ejercerla expresáis la importancia que atribuís al otro y no importa lo que podríais pensar y juzgar de su exterioridad, estáis hablando con su alma, a lo más precioso que hay en esa esencia.

Cuando alguien os brinda su amabilidad os toca en lo profundo y si vuestro humor es algo gris, resultará enseguida transformado y mejorado. Este «milagro» ocurre porque vuestras almas han establecido una conexión y se han acercado. Éste es el nivel en el que deberíais hablaros... En efecto es allí donde yace la verdad de vosotros mismos, de vuestras necesidades auténticas y profundas, a veces tan bien maquilladas... y además, al dar la misma importancia a todos los aspectos de la Creación os situáis en el flujo suave de la amabilidad, puesto que percibís su Ser Sagrado.

Cuando sois amables, con una flor, un animal o un hermano o hermana humanos, e incluso con los objetos que utilizáis, los «tratáis» con esta disposición interior. Vuestros gestos se volverán más precisos y apropiados, incluso más delicados, el tono de la voz se ajustará de forma espontánea a frecuencias más cálidas y vibrantes, vuestra forma de andar adquirirá un ritmo más armonioso, porque también vuestra respiración será más tranquila y profunda. Poco a poco iréis asumiendo una actitud que llegará a ser vuestra forma de ser, y la sonrisa surgirá sincera y luminosa desde vuestro corazón en vuestro rostro, que será distendido y sereno. Es una verdadera cura de belleza ¿no os parece? Cuanto más viváis amablemente en vuestra alma, más sabréis refrenar el ímpetu de las emociones que os empujan a reaccionar de forma desagradable e impulsiva.

Cuando hayáis aprendido a responder sinceramente con amabilidad a cualquier provocación, sin sentiros afectados, descubriréis entonces que vuestra alma ha sido iluminada por una preciosa cualidad de amor y que habréis «conquistado» vuestro pequeño yo rebelde.

Algunos tienen una idea equivocada de la amabilidad y le atribuyen caracteres de debilidad, de hipocresía dulzona, y de sentimientos fingidos, a menudo más propios del «sexo débil» y, por tanto, no compatibles con la firmeza, la determinación y la transparencia de las intenciones. Y sin embargo no es así, puesto que la «verdadera» amabilidad es la expresión de un poder de Amor que comprende y se vale de su Autoridad. Un Poder que puede crecer hasta convertirse en un faro que indica el camino hacia el puerto a los barcos que navegan por la noche. Y puede derretir cualquier hielo con el influjo de su calor...No puede ser verdadera amabilidad si oculta temor y no amor por el prójimo, si sirve para disfrazar la arrogancia o el miedo a los juicios. Si no actúa a partir de una comprensión más profunda de vosotros mismos o de los demás. No la confundáis con una mansedumbre sólo aparente y aprended a reconocerla en vuestro interior.

Ritual

Observad un sauce... Mirad como sus ramas se inclinan hacia el agua que lo alimenta. ¿No os parece que sus hojas ondean leves en la brisa, como si les agradara dejarse acariciar? ¿Que la plata de las caras inferiores de esas hojas envía destellos resplandecientes cuando el viento las agita? ¿Y la flexibilidad de sus ramas que pueden entrelazarse prodigiosamente sin llegar a romperse? Parece la expresión de la amabilidad...

Intentad recordar la amabilidad que os ha sido ofrecida, las personas que os hicieron don de ella y lo agradable que fue recibirla. Y pensad que vosotros también podéis hacer lo mismo con los demás... Es posible que ya seáis personas amables, pero preguntaos igualmente cómo y en qué ocasiones ejercéis la amabilidad y en cuáles seguís huyendo de ella. Ésta es una buena oportunidad para planteároslo.

19. Madroño · Compartir

Compartir es hacer partícipe al otro de una parte de nosotros mismos. Es «partir el pan» para comerlo juntos... Es un don de uno mismo que ofrecemos porque en comunión se pueda gozar de su valor. Cuanto más grande es la plenitud de goce y amor que vuelve al corazón, también el otro se beneficia y gusta la dulzura de ese fruto... Cuando nos encontramos en una mirada en la que brilla la esencia de la misma Luz, cuando ya sobran las palabras para hablarse.

Cuando compartís de esta forma vuestro corazón con alguien «sabéis» que no estáis «dividiendo», perdiendo una parte preciosa de vosotros. Muy al contrario, sabéis que lo que dais os será devuelto multiplicado. Si sabéis que «no poseéis», conocedores del valor del compartir, nadie podrá «robaros» nada... Quien intente «robar» una parte de vosotros, de vuestros sentimientos, de vuestra sinceridad, lo hace simplemente porque aún no ha sabido ni podido apreciar ese valor y no comprende hasta qué punto se volvería rico aprendiéndolo. Quien es incapaz de reconocer este intercambio de amor a menudo es alguien encerrado en sí mismo que piensa no ser «merecedor» de recibir. Esa persona, sin saberlo, se priva a sí misma de un alimento que si no se «utiliza» y, por tanto, no se comparte, se malogra.

Retener para uno mismo la propia conciencia, las ideas, las cualidades y talentos, los sentimientos, cualquiera sea la razón que empuja a actuar de esta forma, es sentido de posesión. Posesión es cuando os defendéis atrincherados en «vuestra fortaleza» de impenetrables murallas. ¿Quién podría ir a vuestra casa para robar si no hay tesoros por llevarse al haber vosotros entendido y compartido su valor? ¿De dónde proceden vuestros preciosos tesoros? Tan sólo los habéis reconocido y cultivado en el corazón. Quien los puso a vuestra disposición no lo hizo para que los acumularais para sentiros poderosos y superiores a los demás, sino para que participéis de la abundancia de la Creación.

El avaro que esconde sus bienes no sólo retiene su propia felicidad dentro de los límites del «puente levadizo» de su caja de caudales, sino que también obstruye el fluir del río de la Vida con el dique de sus miedos a que en él se pierda lo que cree poseer. Sus celos se juntan con la avidez y la Ley del Equilibrio hará que el Avaro esté predestinado a encontrarse con el ladrón que robará su tesoro... El codicioso, el que nunca se conforma, el que nunca tiene suficiente no sabe apreciar lo que se le ofrece con sencillez, no mirará vuestra mano abierta, sino que, desconfiado, buscará lo que en su mente le ocultáis detrás de la espalda, para coger lo que piensa que le estáis negando. Con cuánta grosería tratan algunos la pureza de los regalos del corazón. Tal vez haga falta discernimiento al preparar la mesa de los regalos a compartir. Podéis ofrecer sólo lo que se encuentre en vuestra despensa, sabiendo que será constantemente abastecida por el Poder de Amor de la Vida. Quien se siente a vuestra mesa se beneficiará de vuestro amor enriqueciéndose. En cambio, aquel que no encuentre de su agrado este plato pronto se alejará.

Ese Pan que compartís seguirá levitando, creciendo y multiplicándose para vosotros y para los que lo compartan en comunión con vosotros. Sepáis que ese tesoro está en vuestro corazón porque ya «Alguien más» lo está compartiendo con vosotros... Compartid vuestra alegría, vuestra experiencia y también vuestro dolor, pero sabiendo valorar la forma y el momento, puesto que no siempre el otro está preparado para la grandeza de vuestro don. Al igual que vosotros, que sólo en el momento adecuado sabéis reconocer el valor de lo que ha sido puesto en vuestro corazón. Aprended a valorar la importancia de lo que estáis dando y también a ofrecer de una forma que respete al otro.

Ritual

Tomad pan y fruta y lleváoslos en vuestro paseo por la Naturaleza. Mientras camináis en medio de su calma compartid vuestra comida con las criaturas del bosque. Comed con ellos: dejad aquí y allá trocitos de frutos y migas de pan para pájaros y hormigas. Al hacerlo pensad: ¿hay alguna cualidad en vosotros que consideréis muy muy especial y que os gustaría compartir pero que teméis que no sea apreciada? Tal vez alguien en el pasado os lo haya demostrado. Pero ahora sentid en vosotros cuánto os gustaría expresarla... ¿No os sentiríais más libres, fuera de esa cárcel que es vuestro miedo, haciéndolo? ¿No imagináis la alegría que podría alcanzaros y transmitirse a quien, contrariamente a otros, esté dispuesto a reconocerla? Reconquistadla a la luz de vuestra actual conciencia. Y, como primer paso, confiadla a todas las criaturas que se encuentran a vuestro alrededor, al aire que respiráis, a las estrellas y al universo entero, agradeciendo el don que lleváis en el corazón. Y después atreveos al goce de compartir en el mundo de vuestros hermanos y hermanas...

20. Manzano · Paciencia

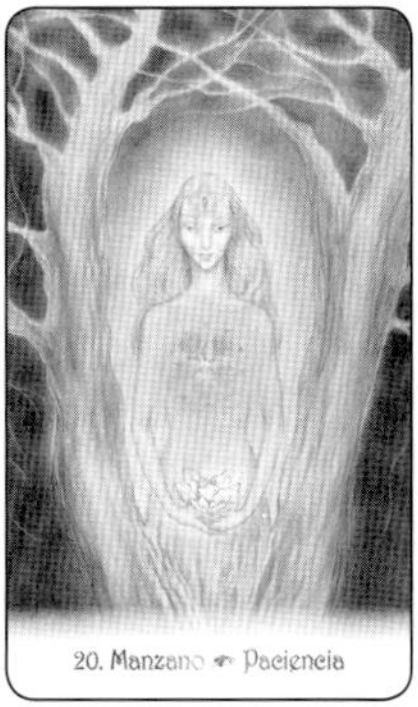

La paciencia es portadora de sabiduría, disposición del alma a saber esperar que se den todas las condiciones necesarias para la realización del siguiente paso que se desee emprender. La prisa os empuja a veces a recoger un fruto aún verde y nunca sabréis hasta qué punto su sabor, aroma y propiedad habrían mejorado al madurar. Y no sirve para nada sentarse debajo de la rama y presionarla dándole órdenes, o bien dormirse debajo de ella esperando a que el fruto, por fin maduro, se nos caiga en la cabeza. La que os parece una espera, a veces extenuante, no tiene que ser resignación pasiva. En efecto, si os detuvierais un momento podríais ver que entre vosotros y vuestro destino, entre vosotros y vuestro objetivo, en el ejercicio de la paciencia, se revela un «espacio» que os brinda la oportunidad de descubrir los aspectos importantes que con las prisas no pudisteis valorar. Descubriréis, asimismo, que también tienen que entrar en juego otros elementos para favorecer vuestra maduración antes de alcanzar vuestro objetivo.

Durante la espera podéis aprender muchas cosas... Mientras esperáis, estáis actuando, ¿lo comprendéis? Cuántas veces habéis podido constatar que por impaciencia, que es compañera de la impulsividad, habéis anticipado vuestra acción tanto que no se os ha comprendido, o bien, a pesar del amoroso entusiasmo, ¿no habéis podido ayudar a quien no estaba listo para recibir vuestros cuidados? La paciencia os ofrece su sabiduría y actuando con ella podréis recolectar el fruto en el momento exacto de su maduración; en otras palabras, os permite comprender cuándo ha llegado el momento de dar ese determinado paso y cómo actuar de la forma más oportuna.

La impaciencia es típica de los niños, que patalean y chillan para obtener lo que desean. La paciencia es perseverancia sensata y reflexiva en la persecución de unos objetivos, con absoluta confianza en alcanzarlos, y al mismo tiempo es la humildad que permite valorarlos y limar las asperezas que sin querer se hayan podido crear. No confundáis la falta de iniciativa, que se reviste de resignada pasividad, con la paciencia. Tras ella se oculta a menudo el miedo a tomar las decisiones que provocan cambios drásticos y que revolucionan la forma de vida convencional de ciertas personas, antes que asumir la responsabilidad de despertarse y abandonar sus aparentes y cómodas seguridades. Esta actitud no genera sabiduría, ni tampoco sentimientos positivos, al igual que su opuesto. Celos, resentimiento y rencor a menudo son el veneno que las destruye y que bajo una fingida resignación albergan en sus corazones.

La paciencia es una virtud luminosa que da al fruto «el tiempo» necesario para que reciba todos los «ingredientes» que lo lleven a madurar. Que acepta que el calor del Sol, que las gotas de lluvia y los nutrientes del terreno lleven sus elementos hasta el árbol que está preparando el fruto, y que cuidáis con amor y atención. ¿Qué hacéis cuando cultiváis un campo? ¿Sembráis sin prepararlo previamente? No, lo hacéis aplicando los criterios correctos y luego esperáis a que brote, y vigiláis que los pájaros u otros animales no dañen vuestras plantitas. Al ocuparos de todo ello podéis comprender e intuir lo que es oportuno o no hacer, os informáis, hacéis ensayos, no os salen y volvéis a probar de otra forma, insistiendo hasta encontrar la mejor. Estáis aprendiendo mucho... Perseveráis con amorosa atención porque queréis la cosecha. No dejáis que se pudra por olvido, ni tampoco os quita el sueño el miedo a que se os pase el momento adecuado. Al final podréis saborear los frutos de vuestra cosecha.

Cuando la atención y la calmada perseverancia con la que actuáis se aliñan con el ingrediente de vuestro amor, los frutos que sacaréis de vuestro trabajo serán los más deliciosos que podáis desear. Habéis actuado con paciencia; y la calma interior que os ha dado os lleva hasta vuestro destino.

Ritual

Sentaos delante de un árbol y meditad sobre el tiempo que necesita para dar hojas, flores y frutos a sus ramas, y sobre los elementos que tienen que participar en este proceso.

Confrontad estas reflexiones con lo que deseáis obtener, tanto exterior como interiormente. Con vosotros lleváis un vaso y un frasquito de agua, con un dispensador. Gota a gota pasad el agua del frasco al vaso… Imaginad cada gota como un elemento que todavía no hayáis tenido en cuenta o analizado en profundidad pero que es necesario para alcanzar vuestro objetivo. Observaos mientras poco a poco el vaso se va llenando. ¿Qué ocurre en vuestro interior? ¿Cuáles son vuestras reacciones internas a este… paciente trabajo? ¿Tal vez os llegan iluminantes intuiciones? El vaso que habéis llenado representa vuestro objetivo alcanzado.

Bebed un gran sorbo de ese agua y compartidla, si queréis, con el árbol que desde su profundo silencio ha presenciado y asistido a vuestro trabajo.

21. Cerezo ❧ Alegría

Qué maravillosa, amplificadora y cálida vibración es la alegría!... Si estuviera siempre en vuestro corazón os sentiríais felices, ¿no es cierto? La alegría no es la excitación emotiva que surge de la euforia, como creen algunos. Alegría es la condición íntima de plenitud que alcanzáis cuando sois conscientes de lo que hay de bueno y hermoso en vosotros y estáis agradecidos, profundamente agradecidos, por lo que en vosotros vive en ese mismo instante... Cuando estáis presentes ya no vivís la angustia del porvenir, ni tampoco la añoranza del pasado. Sois... Y en ese presente sentís vuestro Ser como centro de equilibrio permanente entre los «debates» de vuestra mente y de vuestras emociones... La alegría que habíais experimentado antaño, o la que esperáis para el futuro siempre está presente en vosotros, demostrando que no depende necesariamente de circunstancias favorables, sino de vuestra disponibilidad a daros cuenta de ella, precisamente aquí, donde os encontráis en este instante. Y así se os revela que podéis «llevarla» a cualquier parte con vosotros, instante presente tras instante presente. La perdéis en cuanto dejáis de lado esta conciencia, dejándoos penetrar por las emotivas y disonantes vibraciones que os rodean, sin decidiros después a soltarlas.

Si se detienen en vuestro interior os convertís de inmediato en presa de todos los pensamientos y sentimientos negativos que habéis dejado que entraran en vuestro corazón. Vuestra frecuencia de vibración ha bajado apagando la luz de la alegría y es inútil «perseguirla». Dónde creéis que puede haber ido. Ella es la expresión de vuestro Espíritu, vuestro Ser, cuya Presencia se os revela cuando lo aceptáis y confirmáis en vuestro corazón.

Pero ¿acaso podríais hacerlo estando en «ausencia» de vosotros mismos? ¿Si las vibraciones en las que os sumergís os distraen sin cesar, llevándoos arriba y abajo en un tiovivo sin fin? Vosotros y nadie más que vosotros podéis abrir las puertas del corazón, y sólo podéis hacerlo en la calma de vuestra propia presencia, conscientes de vosotros mismos. La alegría se encuentra por doquier, porque el Espíritu se encuentra por doquier. Cuando entráis en esta sintonía la sentís. Mirad a vuestro alrededor: os llega desde las «pequeñas» cosas que lográis apreciar, así como de las «grandes» que conseguís, sin embargo no son las cosas en sí mismas o sus resultados, las que la contienen. No la podéis «escurrir» de ellas como se hace con un trapo empapado de agua.

La alegría siempre se deriva de la conciencia de nuestra disposición interna. Cuando apreciamos y ponemos nuestro amor en lo que hacemos, en lo que somos, en lo que elegimos vivir, lo que recibimos es alegría. Cuando estamos en la alegría la realidad aparece bajo otra luz. Casi parece que la tranquila y poderosa vibración de alegría que se revela en nosotros tenga el Poder de estallar para estimular sentimientos positivos en quienes nos rodean. Así es. La alegría nos da la energía de la ilusión y la caricia de la paz...

Cuando elevamos nuestras vibraciones hacia las alturas del Espíritu vivimos en un estado de comunión con la Vida y nos damos cuenta de que todas nuestras falsas ideas y perjuicios sobre Ella empiezan a desvanecerse como burbujas de jabón. Que lo sepamos... Nosotros somos alegría. Celebremos la Vida que «sentimos y vemos» más allá del velo que la oculta... la Vida que percibimos, de la que nos beneficiamos.

Ritual

Permaneced unos momentos sentados tranquilamente en un lugar de Naturaleza. Dejad que este presente «atrape» vuestra atención... Contemplad todas las cosas a vuestro alrededor, la presencia de todas ellas. Dejaos compenetrar por las elevadas vibraciones de belleza y armonía que os rodean.

Ahora cerrad los ojos y notad cómo las mismas vibraciones también laten en vuestro corazón, en el centro de equilibrio de vuestro Espíritu... Si lo notáis es porque las estáis reconociendo: en efecto, son atributos que nos pertenecen en cuanto almas divinas. Abiertos a recibir, empezad a percibir las suaves olas de la alegría que fruncen amablemente el lago de vuestro sentir. Acogedla en vosotros celebrándola. De la forma que os salga espontánea: con una canción, un baile, un llanto liberador… con profunda gratitud, alabando la Vida que sentís gozar en vosotros.

22. Robinia ❧ Levedad

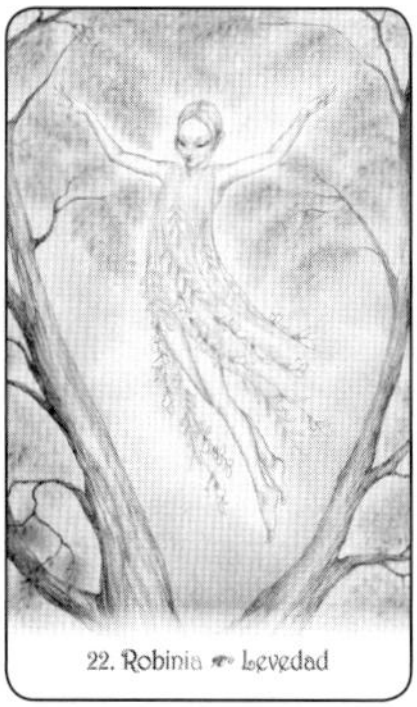

22. Robinia ❧ Levedad

Levedad... Ramas que se balancean con el viento... Sentir mis hojas como plumas que fluctúan riendo... Cuando estamos serios, ensimismados... proclives a la tristeza, a veces. Somos tan absolutistas en nuestras ideas sobre la Vida que perdemos el sentido mágico y la ligereza de su movimiento, de su respiro. Cuando corremos por un prado con entusiasmo gozoso, las mejillas se nos sonrojan de vitalidad, la mirada se nos vuelve radiante, luminosa por la buena energía que sale a borbotones de nosotros... Qué hermosos somos cuando nos sentimos ligeros.

La levedad no hace ruido. Al contrario, tiene el sonido alegre de mil campanillas de cristal. Igual que una pluma que flota en el aire y que poco a poco desciende hasta el suelo, volviendo a levantarse al primer soplo de viento siguiendo con gracia su juego. ¿Por qué nos dejamos arrastrar por el peso de ciertas convenciones, de las facetas de nuestro carácter que no son otra cosa que un lastre? ¿Por qué no nos atrevemos a valorar el sentido que damos a la levedad? Muchos entre nosotros la definen como superficialidad y vanidad, que sirve sólo para llevar a cabo acciones no muy racionales... Hemos olvidado el significado más profundo y luminoso que late detrás de lo que sentimos como «deber». La idea que tenemos del deber nos estresa y nos angustia, desmotivándonos, porque hemos distorsionado su sentido. Nos hemos alejado de la alegría con la que deberíamos enfrentarnos a nuestros compromisos y del sentido de levedad que debería acompañarla. Vivimos nuestras obligaciones como una imposición social y moral y no como consecuencia de decisiones conscientes, en las que la voluntad se adhiere a cada fibra de nuestro ser, que reconoce el verdadero sentido moral del Espíritu como amor por la vida. Aunque creamos lo contrario, actuamos con superficialidad e incluso diríamos «a la ligera», cuando malgastamos nuestras preciosas energías sólo en la primera capa de «piel» de nuestra vida. Cuando no entramos a fondo en las cosas, en nuestros mismos pensamientos, en nuestras emociones, en nuestros sentimientos, actuamos justamente con esa ligereza que tanto despreciamos.

Desdramaticemos los contenidos que representamos para escribir otro guión. Aprendamos a reírnos de nosotros mismos y del traje austero en el que queremos enfundarnos. A menudo también vivimos nuestra espiritualidad según esta idea sombría de seriedad. No obstante el sentido del espíritu, del humorismo sano y constructivo es propio del Espíritu. ¿No definimos acaso como «gracioso» a quien lo utiliza? Cuánto nos aliviaría utilizarlo en el trabajo interior que hacemos para conocernos, para librarnos de todos los esquemas de pacotilla con los que cargamos. ¡Respiremos la Vida! La tenemos a nuestra disposición y no nos damos cuenta de ello. Tenemos dones preciosos en nuestras manos y ni siquiera los miramos.

Podríamos, con ánimo ligero, erguir nuestras cabezas y mirar a la Vida que nos espera detrás de la superficie en que, con esfuerzo, hemos grabado el drama de nuestro día a día. Cuando nos aligeramos cobramos la capacidad de movernos ágilmente, sin trabas, sorteando los obstáculos. Seamos serios, es decir, comprometidos con nuestra acción, porque así conseguiremos lo que deseamos, pero sin olvidar reírnos de vez en cuando, con benevolencia, cada vez que nos demos cuenta de que nos hemos «desviado», volviendo a las páginas gastadas de nuestro viejo guión. Aunque sin burlas. Manteniendo siempre el respeto hacia nosotros mismos. Nuestras mofas nos afectan tanto a nosotros como a aquellos contra los que las dirigimos.

Cuando en nuestro trabajo, de la clase que sea y cualesquiera sean los motivos por los que lo hayamos elegido o aceptado, notamos que nuestras energías buenas y luminosas van menguando, antes de llegar al agotamiento, de dejarnos vencer por los nervios y la intolerancia, detengámonos unos instantes. Tomémonos el tiempo para reflexionar sobre por qué nos sentimos así: ¿qué es lo que nos está apesadumbrando? Destapemos la actitud que lo permite en nuestro interior. No echemos enseguida la culpa a lo que ocurre fuera de nosotros y, en todo caso, no nos limitemos a ello. Y pensemos, seriamente, en cómo podemos actuar para modificar nuestro comportamiento y, por ende, transformar la condición de malestar.

Recordemos la levedad y dejemos que gotee en nuestro interior, beneficiosa como un baño de rocío en las hojas algo apagadas de ciertos pensamientos. No seamos esclavos ni del mundo ni de nosotros mismos. ¿Cómo nos gustaría rescribir nuestro guión? Que el trabajo de nuestra vida, lo que realizamos tanto dentro como fuera de nosotros, sea un producto de alegría, siempre renovable, en la levedad de nuestro corazón alado.

Ritual

Tomad una pluma y unas hojas de papel e id a dar un bonito paseo por un bosque, una playa, el campo o cualquier otro lugar de la Naturaleza que os atraiga. Estáis yendo hacia allí para encontrar la paz y la inspiración para escribir vuestro breve guión. Bien, tenéis la oportunidad de imaginar el escenario y la historia con unos cuantos personajes, por supuesto relacionados entre ellos por un suceso que les afecta y que provoca su encuentro. Los personajes, claro está, son partes de vosotros… Suerte…

23. Acebo Protección

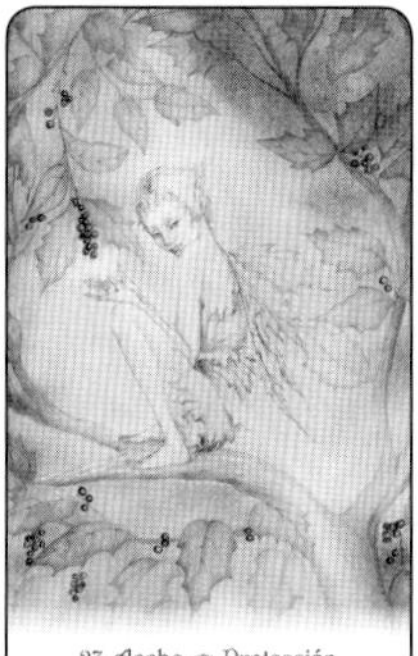

23. Acebo Protección

Protégeme del mal... De mi inconsciencia, de la oscuridad de mis pensamientos negativos, de la ignorancia de mi verdad, del miedo a encontrarte...»

¿De qué mal queremos protegernos? Y ¿qué hacemos para esquivarlo? ¿Cuáles son las «armas» que utilizamos para defendernos? No existe el mal fuera del uso equivocado que hacemos del bien... Un bien que hemos olvidado y deformado entre millones de espejitos que muestran sólo algunos de sus aspectos. Un bien que a pesar de morar en nosotros y que podría hacernos vivir a todos en un mundo de paz y amor, si sólo nos lo creyéramos lo suficiente para declararlo y vivirlo con coraje en nuestro foro interior. En un mundo así, ¿qué sentido tendría buscar protección? Pero mientras en él vibre siquiera un átomo de ignorancia resultará justa la aspiración a la seguridad, a sentirse resguardados, protegidos de lo negativo o quererlo para los demás. Se busca protección porque se advierte cierta vulnerabilidad y en ciertos términos es oportuna e incluso necesaria.

Por ejemplo proteger la fragilidad de nuestro cuerpo ante un peligro utilizando la prudencia y cuidando de él. Lo mismo vale para las ocasiones en que nos encontramos en medios dominados por vibraciones desarmónicas, pesadas. En este caso, y muchos de nosotros percibimos estas situaciones de malestar, intentamos crear alrededor de nuestro cuerpo una especie de cáscara de luz donde las emanaciones negativas no puedan penetrar, ¿no es cierto? A lo largo de la historia se han utilizado amuletos, fórmulas mágicas y muchos otros métodos a los que la conciencia de la época atribuía eficacia. Al parecer siempre hemos advertido el peligro de un «mal» invisible, y sin embargo siempre presente, siempre oculto detrás de apariencias de bien. Si nos dijeran que sólo existe el bien y que lo que percibimos como mal es el oscurecimiento de un recuerdo de perfecto amor en nuestra conciencia, ¿estaríamos dispuestos a considerarlo una verdad? ¿Si os dijéramos que la Vida no tiene ningún opuesto en lo que llamáis muerte y que lo oscuro, misterioso y pavoroso no es otra cosa que una luz que todavía no lográis vislumbrar? Cuando optasteis y aceptasteis la experiencia de la dualidad todas las cosas encontraron su contrario. Por lo tanto, de alguna forma era necesario que vuestra conciencia cayera en el olvido de la Unidad original: para poder conocer «la otra cara de la moneda» era necesario que vuestros ojos vieran alternativamente la luz y la oscuridad, no ya la fusión de ambos.

Frente al infinito y a la eternidad de vuestra existencia la duración de vuestro olvido, que os parece muy larga, es inconsistente, breve como un movimiento de pestañas. En las eras del tiempo de vuestra realidad vuestra conciencia individual y colectiva se ha confrontado sin cesar con el bien y con el mal, progresando poco a poco hacia concepciones más amplias, estimulando lentamente el recuerdo perdido. Con respecto al pasado esta época es el tiempo de vuestro Despertar.

La ignorancia de la Verdad está dejando paso al conocimiento, vuestra Conciencia Divina está recuperando terreno, está avanzando hacia el retorno a su Patria Celestial... tal vez... el fin de vuestra experiencia en la dualidad haya concluido su camino, tal vez esté a punto de finalizar en el resplandor inefable que esperabais desde el inicio. Tal vez ahora el bien vuelva a ser un «concepto» más amplio, porque paso a paso lo estáis «despojando» de prejuicios y convicciones erróneas que cada vez tienen menos fuerza en vuestra conciencia. Las convicciones que en el pasado os llevaron incluso a temer a la Entidad que os dio la Vida, a confundiros hasta tal punto que ya no podíais reconocer la verdad, el bien y el amor si no como ideales inalcanzables a lo largo de vuestra encarnación.

El bien es verdad y la verdad es amor. ¿No se os ha dicho a caso que la «libertad os vuelve libres»? Ha llegado el día de alumbrar con verdad vuestros miedos, que los veáis como ilusiones de la mente. Sólo la forma en que pensáis y tratáis el bien es mala y negativa. Éste es el origen de todas las guerras, personales y colectivas. Todo deseo de poder es al fin y al cabo una necesidad de protegerse... Si, por tanto, vuestro miedo al «mal» os lleva a pensar que estáis contaminados por el mismo, bajo la forma de energías negativas que «sentís» llegar por doquier, y llega a pesar en exceso la necesidad de «apantallarse», preguntaos si más bien no hay algo en vosotros que necesita ser escuchado y entendido.

Cuando buscáis sin cesar medios protectores, tanto energéticos como materiales, ¿también os estáis protegiendo de vuestros miedos?

O por el contrario ¿no sois vosotros mismos los que los protegéis? Todas las barreras que levantáis para vuestra «protección» se convierten en la prisión en la que sigue brotando la semilla de vuestro miedo.

Quien mira a sus propios miedos no para retarlos, sino para conocerlos, descubre muy pronto que no tienen más consistencia que una imagen proyectada en una pantalla por un proyector. Y remontando hasta sus orígenes descubre que no existe de verdad nada «negativo» y que allende de todo temor sólo hay Amor y vuestra necesidad de él. Un Amor que, sin embargo, no ha encontrado aún una fe estable en vosotros, aunque sea Su falta la que hace que sufráis en este mundo y genera vuestros miedos. Sólo existe un talismán cuya potencia puede protegeros. Es la Luz que podéis encontrar en el rincón más recóndito de vuestro corazón: la Fuerza creativa, sanadora y benéfica del Amor en vosotros.

Recuperad vuestro talismán... Sentid vuestro corazón iluminarse hasta resplandecer como un Sol en cada parte de vosotros. Cuando la Luz de este Sol os llena y se expande a vuestro alrededor, no hay «negatividad» que pueda resistírsele. El Amor es una Luz que no admite tinieblas.

Ritual

Comenzad a ejercitaros con la imagen del Sol que se enciende en vuestro corazón, en la afirmación de que vosotros sois Amor, centraros en su

Luz que os calma y os hace resplandecer. Sentid cómo crece en vosotros la luz de mil Soles de amor, bien, positividad... Empezad a hacer este ejercicio como un experimento del que queréis sacar una confirmación. Es correcto que sea así.

Iluminaros por vuestro Sol, id al trabajo, o adonde quiera que tengáis que ir, y observad lo que empieza a ocurrir en vosotros y a vuestro alrededor... Tenéis que mantener, claro está, viva esta luz con la voluntad. Sed perseverantes hasta que esa Luz despierte vuestras vibraciones amorosas, hasta que vuestro Amor se convierta en una Luz que emane de vosotros espontáneamente, sin necesitar de ningún esfuerzo para evocarla...

24. Castaño de Indias ~ Estabilidad

El hombre, a diferencia de los árboles que ahondan sus raíces en la tierra, echa raíces en su Tiempo interior... El lugar sagrado donde él se conoce o, más bien, se reconoce como una parte de la Creación y como Ser Divino. Cuando sus raíces se alargan abrazando con fuerza la tierra fértil de su propio Tiempo, los fuertes vientos de cambios repentinos, los aluviones y las tempestades ya no podrán desestabilizar ni arrancar el árbol de sí mismo. Inmóvil en su propio centro, impasible a cualquier seducción del mundo, él permanecerá entonces por encima de las circunstancias, estable en la Elección, Amo de sus propias emociones y pensamientos, receptivo y disponible con su corazón hacia el corazón de todos los seres. Y alimentado sin carencias por el Elixir de Vida que emana del altar de su Templo, él vivirá en esta Tierra maravillosa como Amor manifiesto y sacará Vida de la Vida.

¿Os parece, éste, un bonito cuento? ¿Una posibilidad lejana? Y sin embargo habla de vosotros, y aquellos que ven más lejos que vuestra mirada gozan por esta realización vuestra. ¿Dónde están ahora vuestras raíces? ¿Lográis manteneros firmes con ellas? ¿En qué suelo las habéis hecho crecer y las estáis alimentando? Cosas ya inútiles y desprovistas de sentido siguen estando «establemente» a vuestro lado… ¿qué vais a perder tirándolas, si no es lo que os limita? ¿Por qué hacerlo mañana si podéis hacerlo hoy… O a caso tenéis secretamente miedo a realizar lo que realmente sois? Vivís molestos por mil adversidades, desde las más banales a las más graves. Si os detuvierais un instante, para observarlas bajo una luz distinta, tal vez ya no las valoraríais de la misma forma, tal vez os daríais cuenta de que lo que «sabéis» de vosotros, ya no se corresponde con vuestra realidad: lo que os vuelve inestables y desprovistos de consistencia sacaría entonces una nueva claridad de una Fuerza más grande que vive en vosotros.

Entráis en vuestro corazón, afirmáis hacerlo, pero sin cesar salís fuera de él. Abrid sus ventanas y dejad que entre aire puro y vigorizante. Dios ha hecho de vosotros el Templo en el que ha asentado Su propia Divinidad. Toda la Tierra será una selva de luz cuando el Árbol-Hombre haya echado raíces en la Luz de Amor de Sí.

Ritual

Pensad en aquello que en vuestra vida os da una sensación de estabilidad. Afectos, trabajo, valores, convicciones, cosas… Meditad sobre vuestras creencias e intentad valorar su solidez en vosotros, de dónde llegaron y cuánta parte de ellos reconocéis como realmente vuestro; en definitiva hasta qué punto y de qué forma podéis confirmarlos (claro está, tal vez se necesita más de una meditación… pero no hay prisas). Son las raíces a través de las cuales os llega el alimento las que otorgan significado a vuestra vida… podéis incluso dibujar las raíces de vuestro árbol, atribuyendo a cada una el valor que le reconocéis. Tal vez descubráis que algunas de ellas ya no son tan vitales, que dispersan inútilmente vuestras energías y que, por tanto, ya no os sirven, y podéis optar por cortarlas. De este modo las demás podrán reforzarse recibiendo la luz de vuestros cuidados y el amor de vuestro corazón, mejorando así vuestra estabilidad.

25. Fresno ~ Belleza

Tal vez os hayáis preguntado alguna vez por qué los pájaros llenan el aire de la mañana con sus cantos ¿Qué os sugiere el coro de sus trinos, y a qué maravillas parecen transportar vuestra alma? Parece como si llamaran al Sol de un nuevo día, gozar del esplendor innegable de una armonía que se renueva con el despertar de la conciencia en cuanto los ojos vuelven a abrirse: la belleza de las mañanas encantadas, suspendidas por un instante antes del devenir, una ventana que se abre en la eternidad de la Vida, una promesa de Amor que nunca falla. Aquellos minutos que los pequeños alados celebran añadiendo hermosura a la hermosura, la que traspasa incluso el velo engrosado de vuestras preocupaciones, que pronto llenan vuestros pensamientos cotidianos, apartándoos en un instante de la magia en la que vuestra alma se despierta tras el sueño de la noche.

La belleza es Amor visible... Es su rostro, la luz de su mirada sobre vosotros, la caricia y el calor de su sonrisa en vuestros corazones, en los que desde siempre vibra la perfecta melodía de su voz. Aquella que canta a vuestra alma, que la libera en la alegría, en una celebración de gratitud en la que se une toda la Creación... ¿Podéis verla? Se encuentra por doquier a vuestro alrededor... Vuestros ojos están hechos para reconocerla.

Cuando contempláis la belleza, cuando la veis, estáis mirando a Dios a los ojos... ¿Cuántas veces os habéis sentido emocionados, hasta las lágrimas, cuando la belleza ha rozado el arpa de vuestro corazón? La naturaleza la expresa en sus escenarios, en sus formas, armonías, en sus colores, aromas... y toda criatura, por mucho que la juzguéis, cuenta con su belleza: fue creada en la Belleza del Amor Perfecto, en la variedad infinita de formas que en ella se manifiestan.

Amor y Belleza son lo Mismo... Y las criaturas humanas necesitan la belleza tanto como necesitan el amor. A pesar del olvido, el hombre en efecto, percibe en ella un origen divino; al cual, aunque débilmente, siente que pertenece y del cual, si bien de forma inconsciente, siente no haberse despegado nunca. Un recuerdo al que vuelve gradualmente, guiándose con el hilo delgado de la Luz que poco a poco va reconociendo... Aunque la conciencia del hombre haya perdido el recuerdo de su propia Esencia de Amor, nunca ha dejado de buscar la belleza. El hondo deseo de su alma de sentirse satisfecha, llena de beatitud, ha perpetuado la necesidad de reproducirla, reencontrarla, poseerla... Ha intentado desde tiempos inmemoriales «crearla con sus manos» cuando, al dar con ella, «algo» en su alma se reflejaba, intentando extraerla de los sentimientos que le despertaba, describiéndola, bailándola, musicándola... Y cuanto más su conciencia volvía al recuerdo divino, tanto más podía sacar inspiración de él, para manifestarla a través de su ingenio. Cuántas obras magníficas fueron así producidas... en la música, la pintura, la escultura, la arquitectura, la escritura, la orfebrería, la poesía...

Cuando una obra de arte estimula en vosotros sentimientos positivos o incluso os emociona por su belleza, es porque el artista ha sabido elevarse, si bien no de forma consciente, hasta la Fuente de la belleza hasta recibir su inspiración. Esto es lo que verdaderamente nos emociona, porque en aquellos instantes, frente a esa obra, las cuerdas del arpa de vuestra alma vibran de alegría, reconociendo el sonido de la Fuente a la que pertenece, reflejándose en ella y volviendo a encontrar su propia belleza, su propia Esencia, su verdadera Forma... Éste es el auténtico objeto del arte, del arte verdadero: que vuelvan a abrirse en vosotros los canales que os permiten despertaros en el recuerdo perdido.

Cuando os reconocéis en la belleza os volvéis radiantes, sin importar cómo os juzgáis en la apariencia de vuestros cuerpos. Cuando habéis establecido y restablecido los «cánones» de la belleza, lo habéis hecho desde el grado de conciencia en el que cada vez os situabais. El Ángel-Hombre caído empezó a «jugar a hacer de dios» e impuso, ejerciendo su voluntad sobre las cosas del mundo, también su evaluación de la belleza, a partir de los criterios parciales y efímeros de sus conocimientos. Así, a lo largo de las épocas se sucedieron las «modas» que decidían lo «bello» de las formas exteriores, incluso de los cuerpos: amplias, estrechas, bajas, blancas, negras... Y todos vosotros las habéis creído y las habéis seguido, con los ojos cerrados, sumergidos en un profundo sueño. Y sigue siendo así... Cuántas personas se angustian sintiéndose inadecuadas e intentan amoldarse a estas estupideces, tan variables y desprovistas de cualquier consistencia. Las hay que incluso llegan a deformar y atormentar sus cuerpos para acercarse más a ese modelo de «belleza», para «sentirse mejor», más «seguras» de sí mismas. ¿Qué están buscando, en realidad? Sin duda algo más profundo que no saben buscar en el «lugar» correcto: la necesidad de sentirse aceptadas, no juzgadas a partir de estereotipos y, por tanto, amadas. Pero ¿a quién se lo piden? A alguien que es tan superficial y está tan ocupado en cuidar de su propia vanidad que se vuelve incapaz de detectar su belleza natural. ¿Qué reconocimiento y amor podrían recibir de esta gente?

La belleza del cuerpo, la armonía de los rasgos, es un don que hemos recibido para despertar sentimientos sublimes y elevados, no para eternizar los instintos más bajos. Vemos que a menudo sois esclavos de vuestros bonitos cuerpos, apresados en vuestra exterioridad, y la mercantilizáis como un producto publicitario.

La belleza, la verdadera, no es variable como el viento. Procede del interior... Por esto también un cuerpo deforme puede parecer muy hermoso. La belleza es Una, Universal y fiel a sí misma, y cada uno de vosotros la posee en el corazón de su alma. Ésta es la belleza que puede brindaros seguridad, paz, éxtasis... Recordad, Belleza y Amor son Uno. Y hasta que el ser humano no empiece a vivir en el Amor, esta belleza no podrá producirse en él. La otra, la que intentáis forjar con tan poca gracia en la materia de vuestros cuerpos tiene la duración de un soplo de brisa.

La Belleza del Amor, en su sentido universal, es el alimento que os devuelve al «peso correcto», en armonía con vosotros mismos y con todo lo que Es... y os vuelve maravillosos.

Ritual

Contemplad la Naturaleza, tanto un magnífico paisaje como una flor… dejaos absorber por su encanto, por su perfección. Si pudierais ver cómo se iluminan vuestros ojos cuando la belleza penetra en todo vuestro ser… Dicen que los ojos son el espejo del alma. Es cierto, y cuando la Belleza ha vibrado en vosotros su esencia, y os sentís conquistados por una energía potente y sublime que casi no podéis contener, es Amor lo que estáis recibiendo, que os ha reencontrado… Os habéis vuelto a acercar a él cruzando la puerta de la belleza. Os sentís elevados hasta alturas incomparables. En la intensidad de esta vibración estáis en paz con vosotros mismos y vuestros sentimientos expresan la esencia de sus cualidades. Detectadlos en vosotros y tomad conciencia de ellos, sentid cuánta potencia y cuánta belleza tienen.

¿Queréis abrazar todas las cosas con vuestra alegría, con vuestra ternura, con vuestra belleza? ¡Hacedlo! Abrazad al mundo entero, abrazad al Universo… ¡Abrazaos a vosotras mismas, criaturas magníficas!…

26. Olivo ❧ Fidelidad

Qué es la fidelidad si no un sentimiento constante, perseverante, honesto y coherente con sus ideas, sus decisiones, valores, sentimientos, afectos...

De muchas formas y a muchas cosas sois fieles... Y cuanto más a fondo penetráis en la conciencia de vosotros mismos, tanto más atribuís vuestra fidelidad a lo que es cierto y que compartimos, a los ideales más elevados. De otro modo la fidelidad puede representar una especie de apego a una ilusión... En este caso, sed fieles a vuestros límites, hasta que no tengáis conciencia de los mismos. ¿De qué está hecha vuestra fe: con cuántas fórmulas y vínculos la mantenéis ligada a vosotros, porque teméis que se os pueda escapar abandonándoos? ¿A cuántos pensamientos y creencias habéis concedido vuestra fidelidad, sin haber encontrado en el fondo de vosotros mismos la fe que os permite pensar vuestros pensamientos? Juzgáis la infidelidad como algo indigno y despreciable y muchas veces os agarráis a vuestros afectos, exigiendo de vosotros mismos y del otro una absoluta fidelidad. Pero ¿qué oculta este apego si no el miedo a un abandono? Lo mismo vale para vuestras ideas y creencias.

Muchas personas, en este grado de conocimiento, se declaran, por ejemplo, firmemente devotas a su fe religiosa. Y no se dan cuenta de que en realidad están frenando el progreso del verdadero conocimiento de sí mismas y de la Verdad, que espera en ellos ser desvelada. Sometidos a las fórmulas preestablecidas de cierta fe, no pueden dejarse guiar por ese Amor al que tanto desean ser fieles, pero que los quiere libres y no cautivos de sus ilusiones. Libres del miedo absurdo de la indignidad, del abandono, la culpa y el castigo…

Cuánto fanatismo puede generar este desesperado deseo de Amor… Cuántas guerras privadas han estallado bajo la bandera fluctuante de la fidelidad inflexible a las propias ideas… ¿de veras pensáis que Dios puede tomar partido por uno de los contrincantes? En vuestras guerras lucháis solos. En todos los ámbitos de la vida es así, porque vuestro deseo se mezcla con el miedo de no «poder» tener lo que en realidad ya es vuestro… Lástima que no abráis los ojos para ver cuántos tesoros se os han dado.

Cuando confiáis en «Ese» poder más grande, que no se encierra a sí mismo en la fe de los hombres, os llenáis de su Amor, entre sus brazos acogedores que sólo esperan vuestro regreso. Entonces, cuando vuestras ilusiones ya han caído, se liberan en vosotros vuestras alas y nacéis en la joya de la verdadera Devoción. Trasladad esta fidelidad a vuestra vida de cada día, comunicándola a través de las responsabilidades que tomáis, en todo lo que hacéis, a todos aquellos a los que más amáis.

Cuando seáis fieles a vuestra Auténtica Naturaleza, alumbraréis el mundo con vuestra Luz que, como un imán, atraerá el bien que hay en los demás, que se juntará con el vuestro, y el Ideal que antes soñabais se convertirá en vuestra tangible y sublime Realidad.

Ritual

Buscad un lugar tranquilo y vibrante de energía benéfica. La Naturaleza os la brinda generosa... Pensad en las personas a las que queréis. Escuchándoos con atención, ¿sabéis daros cuenta de si alguien despierta en vosotros ciertos celos? ¿Dudáis en ocasiones de esa persona, de perderla, de que os traicione? Sabed que detrás de esta reacción se halla vuestra gran necesidad de Amor. Imaginad que en la palma de vuestra mano hay una hoja hecha puramente de luz. Con la otra mano escribid en ella lo que os angustia. Luego con un soplo enviadla al Manantial de la Vida, pidiendo que se ocupe de ella porque vosotros, solos, no podéis.

Confiad en este ruego, aunque no hayáis comprendido del todo la causa de vuestras dudas, aunque experimentéis recaídas. Recordad y confirmad en vuestro interior lo que habéis pedido y a «Quién» se lo habéis pedido.

Dios está trabajando para vosotros y os ofrecerá todas las oportunidades para que podáis superar vuestros límites y finalmente encontrar la seguridad en vosotros mismos, y el camino luminoso de vuestra libertad.

27. Saúco ❧ Abundancia

27. Saúco ❧ Abundancia

El Todo está siempre y sin cesar a disposición de su Creación. Su infinito Amor alimenta todas sus criaturas con las «sustancias» necesarias para lograr la plenitud de todas las formas de existencia. La abundancia que ofrece es como el océano lleno de vida: una riqueza que llega, como el movimiento de su oleaje, con un fluir incesante. Es como la levadura, la masa madre que hace crecer el pan multiplicándolo hasta el infinito. Muchos de entre vosotros piensan en la abundancia como mera opulencia material. En cambio, la abundancia también es lo que lográis «coger» del Árbol de la Vida en vosotros: alegría, amor, sabiduría, conocimientos… Cuando os sentís en armonía es porque la abundancia ha alimentado con sus frutos a vuestro ser. Cuando sois libres del temor a no poder recibir, como si no os sintierais dignos de tanta riqueza, os compenetráis con la riqueza misma. Vosotros mismos, en esta abundancia, os convertís en los recolectores conscientes de lo que necesitáis, material y espiritualmente.

Todo está aquí, a vuestra disposición, siempre, en cada instante. ¿Qué es lo que limita el flujo de la abundancia? Vuestro miedo a no poder recibir, ciertas ideas que os impiden dar por el temor a quedaros sin.

La «escasez, la falta, la penuria» son los opuestos de la abundancia pero, lo creáis o no, los habéis creados vosotros, con vuestros miedos de privación, en el momento en el que os habéis negado la sencilla y la espontánea confianza de poder sentaros a la mesa generosa de vuestra Casa... ¿Cuántas veces no seguís los consejos de vuestro corazón y os priváis de lo que os sugiere, por temor a la pobreza y a la soledad? Así es como logró dominaros el deseo de posesión y... ya sabéis las consecuencias a lo largo de vuestra historia humana, generación tras generación.

El ansia de poder, las guerras, la pobreza, derivan todas ellas del desequilibrio provocado por este deseo de control. ¿Por qué no volvéis a vuestra Casa, a sabiendas de que bajo ningún motivo se os podrá impedir, ya que vuestro sitio en Su mesa sólo espera que contestéis a la invitación, y que, por tanto, no tiene ningún valor querer «poseer» lo que ya es vuestro y abundante? Sois vosotros mismos los que dejáis libre vuestro sitio, que rechazáis la invitación, al no creer que se os ofrecerá el alimento que necesitáis... Hay abundancia para cada uno de vosotros y cada uno recibirá en la misma medida en cuanto vuelva a creer que es así. Compartid, por tanto, vuestro pan con los otros sin miedo a pasar hambre... Cuanto más deis de lo vuestro, más recibiréis: sed generosos con los demás y con vosotros mismos. Y cuanto más ofrezcáis vuestras cualidades, vuestros conocimientos, más se os devolverán incrementadas, mucho más grandes de las que habéis ofrecido. De poco sirve ofrecer vuestro dinero si en vuestro interior no queréis dar lo mejor de vosotros mismos.

El temor a entregarse es como un dique que se opone a las olas del océano. Sois vosotros que retenéis la abundancia y de esta forma creáis una resistencia contraria al fluir generoso de la Vida. Y vosotros os merecéis la abundancia, porque sois amados... infinitamente.

Ritual

Observad el ciclo del agua... Brota pura de su manantial, se encauza formando un pequeño lecho entre las rocas y se convierte en riachuelo. Los riachuelos se unen formando el río y cada río se desliza a lo largo de muchos quilómetros hasta confluir en el mar. Y desde allí vuelve a subir bajo forma de partículas de vapor que vuelven a bajar como lluvia, que se filtra, purificada de nuevo, en las rocas, de las que vuelve a manar cristalina... y de nuevo el mismo ciclo.

Del manantial al mar el agua alimenta las criaturas vivas con las sustancias necesarias para sus vidas. Y nadie puede prescindir de ella. Es el reflejo, en la materia, del Agua de la Vida, que se alimenta con su abundancia.

Reconoced cuánta abundancia hay ya en vosotros y en vuestra vida. Y decidid ofrecer algo hermoso y bueno de vosotros, de una forma y con una sencillez a la que aún no os habéis aventurado...

28. Espino albar ✦ Perdón

28. Espino albar ✦ Perdón

El acto de amor más generoso que un ser humano puede realizar es perdonar a quien le haya infligido un sufrimiento. Cuando perdonáis alivia vuestro sufrimiento la misma Fuerza de Amor que habéis utilizado para perdonar. Por tanto, vuestro perdón os libera a ti y al otro del vínculo de una cadena, forjada con emociones negativas, que os mantiene atados el uno con el otro hasta que no la hayáis roto.

Cuando logréis perdonar, también la cadena de reacciones que a menudo determina vuestra actuación cuando alguien os inflige un sufrimiento, deja de absorber vuestra energía y sus aros se disuelven poco a poco, uno tras otro, hasta que no queda ni uno pegado a vuestro corazón. Vuestras reacciones impulsivas, en efecto, vuelven reactivo al otro creando una ola de flujo y reflujo que sólo genera más dolor para ambos. Sin embargo, podréis perdonar de verdad sólo en el momento en que «algo» os empuja a comprender al otro. Cuando, aunque sea por un instante, extendéis la mirada más allá de vosotros y «salís de vosotros», es decir cuando os alejáis de forma imperceptible, pero suficiente, del rencor y del victimismo, para ir hacia aquella persona; entonces, en ese espacio que os ha separado de vuestra hosquedad, se instala una luz cálida y poderosa, y una mayor capacidad de comprensión, una tolerancia natural toman el relevo de prejuicios y prevenciones.

Os descubrís más abiertos y disponibles para ver al otro por lo que es, es decir con sus imperfecciones, y aceptarlo. Imperfecciones de las que vosotros tampoco estáis exentos, aunque sean otras, tal vez distintas de las suyas. Os dais cuenta así de que aquella persona no «supo» hacer otra cosas en ese momento, por una serie de razones que, al menos parcialmente, podéis adivinar.

Perdonar no significa justificar las acciones equivocadas de los otros, sino aliviarles de la pena de vuestra condena. Cuando perdonáis los errores de los demás descubrís en vosotros mismos una capacidad de amor que supera vuestro sufrimiento: éste es el Poder interior que os abrió los ojos a los sufrimientos ocultos en el corazón de quien os hirió.

En efecto, habéis intuido que quien os ofende no ha aprendido todavía a dar un nombre a sus propias angustias, sus propios desórdenes, a los trastornos internos que siente y se ve frustrado e impotente ante el Bien que quisiera encontrar dentro de sí. Cuántas acciones rabiosas ocultan este dolor del alma. Así, en el momento en que le perdonáis, le donáis amor.

Tal vez no esté preparado para recibirlo, pero no os corresponde a vosotros juzgarlo. Y aunque vaya más allá de vuestra comprensión, dad las gracias a esa persona después de perdonarla: el sufrimiento que os ha provocado también os ha suministrado el precioso «material» que habéis utilizado para superarlo. Vuestro perdón ha hecho de vosotros seres más sabios y amorosos, gracias a su inconsciente aportación.

Y cuando ofrecéis vuestro perdón a los demás, poco a poco, también aprendéis a perdonaros a vosotros mismos, por todas las veces que una dura e injusta autocrítica os ha condenado, por todas las ocasiones en que os habéis evaluado con dureza con menoscabo incluso de la salud de vuestro cuerpo.

También vosotros en esos momentos habéis actuado de forma inconsciente respecto al actual nivel de sabiduría. Por esto tenéis que obsequiaros con vuestro comprensivo amor.

Cuando reconocéis que vuestras acciones inconscientes han herido a quienes estaban con vosotros ¿no deseáis acaso borrar el dolor que sentís haber experimentado? ¿No sentís acaso el deseo de ser perdonados, porque el dolor que habéis infligido, a partir del momento en que lo habéis descubierto y reconocido en el otro, también ha pasado a ser vuestro, convertido en una pena insoportable que os quita paz y alegría? ¿No queréis acaso seguir el impulso de llenar de amor, comprensión y ternura a quien ha sufrido por vuestra culpa?

Es cuando sentís la necesidad de ser perdonados cuando conocéis el valor del perdón... Pedidlo, porque el amor que os perdona os libra del sufrimiento que compartís con el otro, pero aún mayor es el valor del perdón que os podéis ofrecer a vosotros mismos, para que vuestro corazón quede libre y se vista de nueva Luz.

Ritual

¿Hay algo que os reprocháis? Ya sea cercano o alejado en el pasado de vuestras vidas, ese sentimiento de falta de armonía interior, la consecuencia de una acción por la que os culpabilizáis, siempre está presente en vosotros, en cuanto un detalle en una situación despierta ese malestar. ¿No es cierto? Tenéis la oportunidad de perdonaros. Recordad con exactitud ese acontecimiento pasado y luego, con todo el sentimiento amoroso que podáis sacar de vuestro corazón, pronunciad esta afirmación: «Yo me perdono y me ofrezco todo el bien y el amor que he echado en falta en ese instante, ahora soy consciente, he entendido. Ahora dejo ir la emoción del pasado. Ya no la retengo. Todo lo que fue ahora está en la Luz de un nuevo conocimiento». Escribid aquello por lo que os perdonáis en un papelito, o distintos papelitos, cada uno para un perdón. Quemadlos ofreciendo al Universo lo que habéis comprendido de vuestro pasado. El fuego, símbolo de ascensión y purificación, se llevará vuestro ruego por el éter.

29. Almendro ✦ Expresividad

Expresividad es la palabra que empleáis cuando queréis indicar la manifestación, más o menos intensa, de vuestra forma de ser, de vuestra personalidad, de vuestro carácter. En la expresividad de vuestro rostro, gestos, forma de hablar y de reír, se revelan muchas de las peculiaridades de vuestra idiosincrasia o intenciones. Hasta el punto que es posible «leer» este código de expresiones para recabar informaciones: sabéis, por ejemplo, que una sonrisa puede indicar aceptación y un ceño fruncido, rabia o rechazo. Las expresiones de la cara se acompañan con los gestos de brazos, manos, de todo el cuerpo. Esta clase de expresividad es otro lenguaje del cuerpo, incluso a veces de forma autónoma respecto a lo que la persona está diciendo, reforzando el valor que está imprimiendo en las palabras y conceptos que expone.

El lenguaje corporal, la mayoría de veces espontáneo, revela vuestros pensamientos y emociones más de lo que lo hacen vuestras intenciones. No siempre las personas expresan de verdad lo que sienten y piensan, mientras que otras... bueno, piensan poco en lo que expresan.

Cuando expresáis vuestras ideas y opiniones, por muy o poco conscientes que seáis de cómo aparecen hacia fuera, toda vuestra forma de ser se encuentra implicada. El cuerpo emocional, el mental y el físico os manifiestan tal como sois. Es por este motivo que a veces tenéis tanto miedo de expresaros, no queréis que vuestras fragilidades, vuestras inseguridades queden al descubierto. Pero ¿qué beneficios os aporta vuestra «prudencia»? Hasta que no osáis es como si os declararais ausentes de vosotros mismos y del mundo. Sólo liberando y aprendiendo a conocer vuestra expresividad os acercaréis a la armonía interior. Cuando gozáis de la armonía de cierto equilibrio interior os expresáis con más soltura, utilizáis más sentido común y formas más adecuadas para compartir vuestras ideas y pensamientos y, comprendéis con más facilidad la importancia de ser realmente vosotros mismos y decir lo que pensáis sin tapujos.

Más armonioso es vuestro estado, más comunicativa y positiva se vuelve vuestra expresividad y, cuando deseáis manifestar vuestras ideas y sentimientos, os volvéis conscientemente creativos, dando vida a vuestro interior, plasmando lo que sois, con sencillez y espontaneidad. La creatividad es una peculiaridad de vuestro Ser, una cualidad que todos tenéis y que os permite actuar, expresaros más allá de los límites convencionales, para encontrar otros caminos, otras posibilidades, otras soluciones. No obstante no siempre confiáis o, incluso, creéis poseer esta cualidad y pensáis que para ser creativos se necesita un don especial, un don de artistas… Por el contrario, quienes se expresan con creatividad fructífera y natural tal vez sólo se os hayan adelantado unos pasos en el confiado reconocimiento de sus aptitudes y cualidades interiores.

Vivís en un mundo competitivo, poco dispuesto a reconoceros si no es «productivamente», que deja un espacio muy pobre a la cualidad de la vida interior. Claro está que no muchos tienen la suerte de poder asegurarse unos espacios personales en los que mejorar, al menos parcialmente, la cualidad de sus vidas. Sin embargo, aunque dentro de unos límites que vuestra sociedad impone, siempre podéis tomar elecciones, guiados por cierto sentido común, pero también respetando lo que sois y aventurando ese paso de más que puede permitiros vivir más en sintonía con vosotros mismos. Cuando pensáis utilizando el poder de la imaginación, sois más creativos de lo que podéis sospechar: la intensidad y cualidad de estas acciones generan el modelo de vida correspondiente. Deberíais tomar conciencia, cada vez más, de lo que expresáis a través de vuestros pensamientos. Si creéis no tener posibilidades o capacidades, vuestra vida os brindará las situaciones en las que podréis confirmar, una vez más, lo que pensáis de vosotros. Y de esta forma estaréis cada vez más convencidos de vuestro «escaso» valor. Por el contrario, cuanto más en sintonía estéis con vuestra riqueza interior más os sorprenderéis a vosotros mismos. Sois únicos y en vosotros vibra un sonido mágico, que no puede confundirse con ningún otro.

No sigáis a aquellos que imitan a los demás. ¿Qué necesidad tenéis de ello ya que recobráis las características expresivas de las cualidades que son las vuestras? Sed originales, porque es lo que sois. ¿Creéis que el Creador os clonó en serie? No, ¡es mucho más original que eso!... Sois sus criaturas inmensa e infinitamente amadas, y sólo quiere el bien absoluto para vosotros. Mora en vosotros, en vuestro corazón. Lo podéis sentir, podéis hablarle... Os dio abundantes talentos para que los pongáis a trabajar multiplicándolos. ¿De qué pueden servir si los tenéis escondidos? Al mundo le faltará algo si no los expresáis. A los otros y a las personas que más queréis les faltará una «porción» realmente importante de vuestro corazón. Atreveos un poquito más... Para empezar...

Ritual

Procurad encontrar tiempo para ir a pasar unas horas entre la Naturaleza. Llevad con vosotros una hoja, unos rotuladores o lápices de colores. Dibujad un gran círculo en la hoja (también podéis preparar el dibujo en vuestras casas) en el que dejaréis cuatro aperturas: una arriba al norte del círculo, una al sur, una al este y otra al oeste. Éste es vuestro mandala personal: un espacio sagrado... Trazad en el centro un círculo más pequeño, en el cual escribiréis vuestro nombre. A continuación dentro del círculo más grande, eligiendo los colores que sintáis, escribid una a una vuestras aptitudes que se manifiestan tanto en el plano interior como en el práctico. Escribid también las capacidades que os parecen más sencillas y obvias. Destacad las que quisierais desarrollar o expresar. ¡Creemos que os sorprenderá la cantidad de cosas que tendréis que escribir!... Las aperturas del círculo son «las puertas de expresión» de vuestras aptitudes. Pensad, por tanto, en cómo y cuándo las expresáis en vuestro día a día. Y luego divertíos decorando con alegre creatividad vuestro espacio sagrado. Por qué no, un memento nunca viene mal...

30. Naranjo Inspiración

Cuando un potente Rayo de manifestación dirige su finalidad creativa para revelarse en la materia a través del núcleo creativo del hombre... y cuando el hombre ha elevado sus vibraciones ordinarias y ha establecido un vínculo con su Ser, uniéndosele y dejándose llevar y dirigir por él, entonces su centro creativo se abre para recibir el Rayo de Manifestación. Es entonces cuando lo que él plasma en la materia es inspirado. El Ser del hombre es esa Estrella radiante que corresponde a la Luz de su verdadera naturaleza y que trasciende su personalidad ordinaria y su común deseo de voluntad egocéntrica.

Los rayos de Manifestación siempre se encuentran activos, pero no siempre los corazones de los hombres están listos para recibirlos. Por este motivo la inspiración no es algo tan frecuente. La inspiración es una elevación espiritual, cuidado, no estrictamente religiosa, sino más bien mística, interior, y el mero deseo de recibirla no es suficiente. Lo saben muy bien los artistas, que alimentan de inspiración su creatividad.

La inspiración puede producirse cuando también el rayo del corazón del hombre surge y es dirigido por un deseo que lo motiva más allá de la simple satisfacción personal. En ese momento pasa a ser partícipe del Designio Superior y Universal en el que Amor y Verdad se revelan. Entonces sus acciones son inspiradas. Luego, cuando vuelve a sus vibraciones ordinarias, la inspiración lo abandona. O lo deja cuando el objeto de aquella Manifestación concreta ya ha sido expresado. Cuando la sensibilidad del alma humana es transportada por el amor y la belleza y advierte que es ésta, o debería serlo, la condición pura y real de la vida, una intensa emoción lleva su sentimiento hacia lo alto. Más allá de las fronteras de su propia mente, alcanza al Espíritu en el deseo intenso de manifestar lo que la inspiración que de él recibe le comunica.

La inspiración genera sentimientos y pensamientos elevados, profundos, intuitivos, que una vez expresados, es decir realizados, estimulan a otros para que también eleven sus perspectivas. Con la inspiración devenimos mediadores de la Verdad que une todas las criaturas y en la que todas las almas tienen la oportunidad de reconocerse.

La verdadera inspiración sólo promueve el bien común y la belleza. Cuanto más refinados y purificados de los límites ordinarios de sus personalidades sean los mediadores de estos Rayos, más vibrante y poderosa se volverá la inspiración. Cuántas de las que el hombre ha definido como ideas luminosas surgieron para mejorar la cualidad de la vida en este planeta. Cuántos Seres de Amor caminaron por esta Tierra, viviendo en un estado de inspiración que facilitó el bien en sus hermanos y hermanas. Cuántos artistas produjeron obras maravillosas con el alma sintonizada en las frecuencias más sublimes…

Cuando cada uno de vosotros llegue a contar con el estímulo suficiente para lograr lo que estos seres ya realizaron y realizan, despertándose a su propia llama divina, entonces todo el mundo vivirá a través de la inspiración. Y toda la Tierra y cada criatura vivirá la manifestación de los Ideales más altos. Quienes os precedieron en ello no son distintos de vosotros: sus vidas sólo os muestran lo que vosotros también sois.

Cuando os apartáis de ideas que os limitan, cuando despertáis de las ilusiones efímeras del mundo, volved vuestros pensamientos hacia el verdadero fin de vuestra presencia en esta Tierra, y os daréis cuenta de lo importantes que sois para la consecución del Ideal común que vislumbráis en el corazón... y cuando con humildad abrís de par en par vuestro corazón a la Voluntad de Amor que os generó sentiréis lo muchos que sois amados, y Su Amor os sorprenderá y llenará tanto que vuestro único deseo será expresarlo, obsequiarlo hasta que su Armonía lo ilumine todo. Y la alegría de este reconocimiento será tan grande que no cabrá en ese «viejo» lugar escondido de vuestro corazón donde moraban los miedos. Podéis elegir y escalar hasta las cumbres de vuestros sentimientos.

Cuando uno de vuestros deseos no queda inmediatamente satisfecho, ¿qué hacéis? ¿Desistís o hacéis todo lo posible para lograr lo que deseáis? El deseo es un estímulo para superar una limitación. Cuanto más abarquen vuestros deseos el Ideal de un bien común y universal, más os atraerá el impulso para superar los límites interiores que lo impiden hacia la cumbre de vuestra montaña. Sólo a vosotros corresponde decidir quién queréis Ser.

Ritual

Sentaos entre la belleza de un lugar natural que améis, gracias al cual podáis establecer fácilmente sintonía con vosotros mismos. Estáis en vuestro rincón favorito. Ahora podéis descender suavemente a la intimidad de vuestro corazón, donde vivís acompañados por vuestros sentimientos más hermosos y nobles... hasta que surge la pregunta: «¿Qué he venido a ofrecerle al mundo?» Responded libremente con la verdad que os habla desde el corazón. Frente a vosotros la magia del lugar que os acoge, testigo del mundo, escucha y recibe vuestras palabras y las acepta.

Podéis escribir lo que habéis declarado en una hoja que doblaréis y guardaréis en una bolsita de ropa. Llevadla siempre con vosotros.

31. Morera — Comunicación

31. Morera — Comunicación

Comunicar... esta palabra ha venido adquiriendo en «vuestro» mundo un significado generalizado y distorsionado de difusión de noticias «unidireccional», a través de los que llamáis justamente «medios de comunicación», que a menudo infectan la realidad de los hechos, provocando que «enferméis» con las bajas frecuencias que transmiten. Comunicar es transmitir una parte de vosotros a los demás, es «compartirla», porque la experiencia que contiene y expresa pueda enriqueceros y enriquecer. Comunicar implica, por tanto, un diálogo: en el hecho de compartir, como es natural, también el interlocutor tiene la misma posibilidad de formular sus ideas, pensamientos, sentimientos. En el diálogo hay un tiempo para el habla y otro para la escucha. No obstante a menudo vuestra forma de dialogar adquiere las características de un monólogo, en el que no hay lugar para la escucha. Escuchando se recibe y, por tanto, puede ampliarse la visión que se tiene de las ideas y opiniones sobre las cosas propias. Comunicar significa establecer una relación con los otros de una forma más real, más íntima y profunda. Prevé apertura mental, disponibilidad y respeto. Así es como se convierte en verdadera la comunicación y como el diálogo adquiere un ritmo armonioso en el que todo el mundo tiene el mismo valor e importancia.

Es en esta disposición que muchas veces recibís las útiles intuiciones que os permiten lograr una mayor claridad en vosotros mismos, porque en la comunión con el otro os movéis hacia vuestro verdadero Ser, que en general queda oculto tras vuestras «férreas», pero a veces ilusorias, convicciones.

Comunicáis con las palabras, pero también con los gestos, con la mirada... A menudo intentáis controlaros para no traicionaros, revelando de esta forma verdades que vosotros mismos, por distintas razones, intentáis ocultar o que no conocéis en absoluto.

En estos casos lo que comunicáis, en realidad, es vuestra deficiente sinceridad. Sean las que sean las razones con las que os podáis justificar, el otro no puede captar la sensación de autenticidad que vuestra intención quisiera comunicar: y esta ambigüedad también predomina en vuestro corazón, de forma inconsciente. A menudo culpáis a los demás de no comprenderos, no apreciaros lo suficiente. Por esta razón tenéis que aprender a comunicaros en primer lugar con vosotros mismos.

Ocurre a menudo que incluso con vosotros os dedicáis a monologar, sin daros tiempo a escucharos. Aprended a dialogar con vosotros mismos. También entre vosotros y vosotros hay un tiempo para hablar y otro para escuchar. Vuestro monólogo interior en muchas ocasiones se elabora a partir de vuestros juicios, prejuicios, ideas preconcebidas sobre vosotros; los mismos que a veces os empujan a abusar de la disponibilidad de los otros. Aprended a escucharos a sensibilizaros en vuestro corazón, en vuestro sentir. ¡Cuántas barreras y muros defensivos erigidos frente al ser necesitado de escucha en vosotros se derrumbarán entonces! Cuánta riqueza y claridad podréis recibir cuando aprendáis a dar respeto a vuestro interlocutor interior.

Cuando comprendáis su verdadero significado podréis aprender a comunicaros con todos vuestros semejantes y con todas las criaturas que pueblan los Reinos de la Tierra: con las plantas, los animales y los Seres invisibles... En el mismo respeto por cada una y en el deseo amoroso de conectar. Porque a esto os lleva aprender a comunicar, a la comunión de vuestras almas, de nuestras almas... Ya no exiliado en la soledad de una celda interior, el corazón puede volver a vivir todo aquello por lo que nació.

Ritual

¿Qué es lo que comunicáis de vosotros mismos? ¿Cómo os ven los demás? ¿Tal vez sentís que a veces os juzgan de manera inapropiada? Pensad... qué reciben de vosotros y si lo que comunicáis se corresponde exactamente con lo que sentís que sois en realidad. ¿Qué quisierais comunicar de vosotros y de lo que, a pesar de lo que creéis que manifestáis, los otros no se dan cuenta? Comunicad con la voz, a través de vuestras palabras, lo que habéis analizado y descubierto de vosotros no reconocible, que no se manifiesta, pero que os gustará expresar. Hablad de vosotros: en el lugar de la Naturaleza en el que os habéis retirado para meditar, muchas Presencias os acogen y escuchan con agrado. La Esencia misma de la Naturaleza os está escuchando… Y luego permaneced en silencio: ahora os toca a vosotros escuchar.

32. Lluvia de oro ❧ Aceptación

32. Lluvia de oro ❧ Aceptación

La aceptación es esa benévola disposición interior que consiente, que dice que sí a una situación o a un aspecto y que conlleva un cambio respecto al estadio anterior. A menudo lucháis entre dos extremos: intolerancia e indulgencia pasiva. La aceptación «bajando la cabeza», no es verdadera aceptación. Como tampoco lo es cuando sólo son vuestros labios los que la pronuncian al tiempo que en vuestro foro interior os rebeláis, os enfadáis y negáis... Imaginad, por ejemplo, que os habéis preparado, con trépido deseo, para un día de fiesta, tal vez un agradable y vigorizante paseo por la Naturaleza... os disponéis a arrancar y vuestro coche se niega rotundamente a cooperar. O bien que hayáis llegado al lugar que deseabais alcanzar y, de repente, el cielo se nubla y la lluvia empieza a caer a cántaros, estropeando vuestra tranquila excursión.

¿Cómo aceptáis estos cambios? ¿Estáis pensando que estos ejemplos son poco relevantes? Pensad en otros que puedan estimular ciertas reacciones en vosotros, pero en todo caso, si os mantenéis abiertos, con la amable disposición interior que admite las divergencias de vuestro «programa», podéis descubrir que algo también benévolo puede entrar en vuestro espíritu.

Por ejemplo, precisamente porque el coche no ha arrancado, habéis encontrado a la persona querida que llevabais años sin ver, o habéis retomado alguna actividad muy agradable a la que no os podíais entregar por falta de tiempo. Habéis podido descubrir el placer jocoso de andar bajo la lluvia contemplando las bellezas del paisaje desde un aspecto distinto... Son éstos dos pequeños ejemplos de lo que significa aceptación: apertura y disponibilidad a las «adversidades» permaneciendo en el propio centro de equilibrio interior.

Sois vosotros los que disponéis de los eventos y sacáis de ellos oportunidades y conocimientos. No son los eventos los que disponen de vosotros, si no en la medida en que lo permitís, desequilibrándoos. Y sin embargo, en cierto sentido, son justamente las situaciones adversas, los cambios imprevistos los que, si captáis su sentido, os cambian, porque os «obligan» a salir de los esquemas de vuestro control, de la forma en la que intentáis planificar vuestra serenidad. No podéis cambiar los acontecimientos o a las personas sólo porque no os gustan, no os responden, no son afines a vuestros gustos e intenciones, o, en definitiva, no caben en vuestro tablero de mando.

Las situaciones desagradables o difíciles con las que topáis irán adquiriendo un carácter distinto y menos agitado en la medida en la que aprendáis a acogerlas en vosotros, reconociendo el bien que a primera vista ocultan. Sufriréis sólo mientras tengáis que aprender algo del sufrimiento: ese dejarse ir, el desprenderse de los esquemas que habéis impuesto a vuestra idea de felicidad.

La aceptación del movimiento perpetuo de la Vida, de su entrelazarse infinito de posibilidad, os liberará en cuanto os deis cuenta de que alegría y paz no dependen de las circunstancias, sino de vuestra manera de observarlas, manteniendo vuestra independencia de ellas, sin que os dirijan, esclavizándoos. El sufrimiento desaparecerá de este mundo en cuanto hayáis comprendido, es decir cuando no lo necesitéis más... entonces la Vida no sólo responderá a vuestras necesidades, como ya lo hace, aunque os cueste reconocerlo, sino a vuestros deseos más bellos. Cuando os aceptáis a vosotros mismos tal como sois, con todo lo que os gusta o no de vosotros, empezáis a conoceros realmente. La aceptación amorosa de vosotros mismos es el necesario acto de humildad que cierra la puerta a vuestras orgullosas e inútiles rebeliones internas a los cambios.

Cuando reconozcáis un Poder más grande que vuestro pequeño e indisciplinado yo que os sigue dominando, y abráis los ojos a esta evidencia confiando en ese Poder transformador, entonces podréis de verdad modelaros según los ideales más elevados de vuestro corazón. Es en ese momento cuando el péndulo que oscila entre el sufrimiento y la felicidad en vuestra vida dejará de actuar. Hasta que no aprendáis a aceptaros es muy difícil que alcancéis la disposición correcta para aceptar también a los demás por lo que son, sin querer forzarlos a cambiar según vuestros designios. Podréis elegir con quién pasar el tiempo de vuestra vida, nadie os obliga a permanecer al lado de quien sin cesar os arrastra hacia abajo.

No existe moral de orden superior que os vincule a aquello o a aquel que os hace daño, a menos que no lo creáis vosotros. O a menos que la vuestra no sea una decisión consciente por amor, por un fin superior que os une a las vibraciones sublimes del Amor incondicional. De otra forma sólo viviríais una sumisión inútil y atroz, un martirio que no otorga ningún «mérito»... siempre que no sea exactamente ésta la experiencia por la que habéis optado. Muchas de las cosas que «debéis» aprender a aceptar son las consecuencias de vuestros actos y de vuestras decisiones. Aprended a recibir el Sol que quiere amanecer en vuestro corazón: que sea su Poder iluminador el que alumbre vuestro camino y aceptad... Aceptad la lluvia y el viento con la misma benevolencia.

Ritual

La naturaleza facilita la reflexión... pensad si sentís intolerancia por alguien e intentad identificar las razones. Pensad, por ejemplo, en las reacciones que os provoca esa persona o en cómo os sentís cuando se halla presente. ¿Qué sentís que os impide ser? Pensad también que, mientras la experimentéis, esta emoción también dominará vuestros mejores aspectos. Ahora imaginad que vais a realizar una acción distinta de la reacción acostumbrada, de mejora: ¿hay algo que podéis hacer, y que nunca habéis hecho, con esa persona que os molesta tanto? ¿Hay algo que podéis hacer por vosotros mismos también cuando os encontráis con ella? ¿Qué es lo que no habéis tenido en cuenta hasta ahora debido al impulso que os empuja a reaccionar? Sois seres creativos y tenéis la capacidad de encontrar varias soluciones, acciones en lugar de reacciones... Y después, con calma, evaluad también el valor de las cosas e ideas que habéis aceptado: ¿está en vuestra vida por vuestra libre elección y os representan con vuestra verdad interior? Recordad que la aceptación es una elección libre y consciente, si es posible en el amor y no en el prejuicio. Os sugerimos que toméis nota, a medida que lo vayáis detectando, de aquello que ya no se corresponde con vuestra forma de sentir y de lo que rechazáis a priori. Exactamente como si se tratara de una lista de la compra... Os facilitará la tarea de valorarlas con calma durante el tiempo necesario para llevar a cabo un cambio amoroso y no impulsivo.

33. Cedro atlántico · Confianza

La confianza es ese positivo sentimiento de seguridad que tenéis en vosotros y que dais. Un regalo de gran valor... Que es también muy grande cuando lo recibís. Ciertas personas cuando confían en alguien esconden una gran expectativa, pero esta exigencia de «perfección» la mayoría de veces no es apropiada y puede revelar prepotencia e incluso manipulación. Son los que «saben» cómo hay que hacer las cosas y que siempre encuentran algo equivocado en los demás. Y que se quejarán de las grandes responsabilidades que se ven «obligados» a asumir puesto que «nadie» sabe hacer bien las cosas en su lugar. Pensad en la situación de angustia a la que puede verse abocado alguien que sea objeto de esta clase de «confianza»...

Cuando ofrecemos confianza deberíamos, en primer lugar, reconocer el valor del otro y ser lo bastante flexibles como para comprender que los errores son posibles y que nadie, a pesar de toda su buena voluntad, es «perfecto». Sería interesante al respecto preguntarse qué es la perfección y con qué criterios se valora. Qué mal tratamos al otro si en el acto de otorgarle confianza no le concedemos también posibles e inconscientes errores. Y además... cuando se hacer un regalo, en este caso nuestra confianza, es básico tener en cuenta que el otro también puede no aceptarlo. Muchas veces decís que habéis confiado en alguien que no lo merecía. Tal vez, sin daros cuenta, habéis «impuesto» vuestra confianza a alguien que sin demostrarlo no lo ha aceptado. La confianza es un don de responsabilidad y quien lo acepta lo sabe. Es oportuno, por tanto, que explicitéis la motivación que os empuja a otorgarla. Muchas veces estáis poniendo a prueba al otro. ¿Qué seguridad necesitáis recibir del otro? ¿Os traicionó mientras de forma inconsciente le estabais atribuyendo vuestras expectativas? El dolor agudo de esta herida os ha vuelto tal vez más desconfiados, pero podréis curarla aumentando la atención que hasta ahora os habéis prestado a vosotros mismos.

A menudo os oímos afirmar que no tenéis confianza en vosotros mismos, que no os valoráis lo bastante. ¿Por qué os atribuís un valor tan bajo? Pero mirad lo que tenéis... Dejad de escuchar tanto al cerebro que, con sus «razonamientos» quiere empujaros a desistir de la responsabilidad que os corresponde para ejercer vuestras dotes. Es en vuestras capacidades donde deberíais depositar vuestra confianza y osar, arriesgar, contemplando vuestras posibilidades sin condenaros cuando incurrís en un error, para sacar de ello nuevas fuerzas, comprensión y... volverlo a intentar.

El que muestra en todo momento una confianza absoluta en sí mismo es, en realidad, alguien que siempre encuentra una excusa para justificar sus errores y culpar a los demás o a las circunstancias de sus fracasos. No os dejéis embaucar por esta clase de autoconfianza. Sed objetivos con vosotros mismos y los demás dejarán de ser vuestras muletas, porque empezaréis a andar con vuestras piernas. A partir de aquí la confianza en vuestras relaciones podrá ser recíproca, más equilibrada, sin tensiones y, por supuesto, más constructiva.

Vuestras cualidades naturales, vuestras facultades, las aptitudes son la semilla que habéis recibido y que deberéis sembrar para cultivar el campo fértil de vuestra vida. Si no lo hacéis y los dejáis de lado ¿cómo podréis llegar a tener confianza en vosotros mismos? Que la duda sólo os sirva para entender en qué estáis basando vuestra confianza y si la estáis ejerciendo de forma amorosa. La desconfianza y el hecho de dejarse influir son tan dañinos como la confianza ciega otorgada a quien no puede soportarla.

Tenéis un tiempo para aprender y sacar frutos de vuestro campo, no lo derrochéis. Recordad que el fruto nació de la confianza de la semilla de convertirse en árbol.

Ritual

Elegid una bonita hoja de papel de carta con su sobre y un bolígrafo también muy bonito, a lo mejor con la tinta del color que tanto os agrada... Elegid la Naturaleza para dedicaros unas horas a vosotros mismos con total tranquilidad. Buscad el rincón que más os inspire y tomaos un tiempo para sintonizar con el medio.

Ahora coged la hoja, el bolígrafo y ¡escribiros una carta bonita y tierna a vosotros mismos! Hacedlo como si estuvierais dirigiendo vuestras palabras a un amigo o a una amiga que queréis con un cariño sincero. Hablad con sinceridad de todo lo que brota de vuestro corazón: reflexiones, sentimientos, sugerencias, promesas... Luego arriba escribid vuestro nombre utilizando la fórmula que se suele emplear para empezar una carta: «querido/a...». Poned la fecha y el lugar desde el que estáis escribiendo y a continuación cerrad el sobre. Enviadla interiormente y con gratitud a la Conciencia Universal, que se está cuidando de vosotros.

Finalmente guardadla en un lugar especial de vuestra casa y, al cabo de un año, ¡podéis volver a leerla!

34. Enebro · Purificación

Estáis contagiados por un sinfín de energías psíquicas gravosas, destructivas, desestabilizadoras, brumosas, desarmónicas… que afectan a vuestras energías mentales, emotivas y físicas. Caramba, estaréis pensando, de algo nos damos cuenta pero ¿no es un poco exagerada esta afirmación? No del todo, puesto que nunca como en la actualidad estamos colaborando activamente en purificar el aire que respiráis, y no sólo a nivel físico… Son las vibraciones que desprendéis y de las que a menudo no os dais cuenta. Muchos de vosotros, a pesar de sentir el efecto de estos trastornos que os acarrean varias molestias, no tenéis la capacidad de remontaros hasta el origen de los problemas.

Las vibraciones de los pensamientos y de las emociones viajan como la corriente eléctrica en vuestras instalaciones, de unos a otros porque, de forma parecida a vuestras redes, por las que fluye la energía eléctrica que utilizáis, estáis interconectados unos con otros, tengáis o no conciencia de ello. Y cuando vuestras frecuencias lo permiten, absorbéis las energías psíquicas desarmónicas que emanáis sin cesar, pasándooslas sin saberlo. Si sabéis la causa sentís la necesidad de purificaros, es decir, «limpiaros» de vibraciones negativas.

A lo largo de los siglos siempre se han celebrado rituales de purificación. La purificación es la necesidad de regresar a un estado de pureza, neutralidad, transparencia interior que permita la entrada de pensamientos y sentimientos más positivos y constructivos de bienestar y armonía. Las energías de los pensamientos y de las emociones, cuando se mantienen con cierta perseverancia y concentración, se condensan en entidades vitales, hasta dotarse de cierta autonomía, que se escapa de vuestra capacidad actual de controlarlas y transformarlas. ¿Recordáis? Sois seres creadores y no conocéis todavía toda la potencia de vuestros pensamientos. Pensad en lo que emanáis a través de ellos. Tomad conciencia de ellos.

Vuestra realidad es exactamente la pantalla en la que habéis reflejado y reflejáis vuestro poder creativo. La desarmonía que vivís se alimenta de vuestros impulsos emotivos discordantes y vuestros pensamientos separadores, que vuelven a vosotros después de agregarse y reforzarse con todos los que tienen su mismo nivel de vibración. En ocasiones regresan tan potenciados que pueden desplegar una eficacia destructora, mucho más negativa que ese pensamiento aislado que fue emanado en su momento. Ésta es la causa primera de todas las guerras y de vuestras enfermedades... Incluso cuando sois conscientes de no estar emitiendo pensamientos y emociones desarmonizadoras, puede ocurrir que igualmente sintáis el peso de energías gravosas que os afectan a pesar vuestro: sin daros cuenta habéis bajado vuestras frecuencias hasta el nivel de las desarmonías que vibran a vuestro alrededor. Habéis dejado que entren en vosotros en el momento en que os habéis identificado con ellas.

Miedo, desazón, desmotivación, escepticismo, rechazo, prejuicio... y muchos estados de ánimo parecidos os empujan hacia el abismo. ¿Qué hacéis cuando queréis interrumpir el flujo de corriente eléctrica en vuestras instalaciones? Cerráis los interruptores, desconectáis el enchufe... Vosotros tenéis unos interruptores: podéis decir que «no» a estas contaminaciones, tomando conciencia de las vibraciones por las que hacéis viajar vuestros pensamientos. Elegid, pues, las vibraciones con las que os queréis identificar. Vivís incesantemente en un proceso de identificación. Decís, por ejemplo: «Estoy enfadado», porque os habéis identificado con esta emoción, o sea os habéis vuelto idénticos, como «dos gotas de agua», pero no sois el enfado. Decid más bien: «Siento en mí esta emoción...». Hay en vosotros una vibración que habéis asimilado como consecuencia de una reacción emotiva y que puede afectaros sólo si creéis que forma parte de vosotros, si dejáis que actúe en vuestro lugar... Lo mismo ocurre con cualquier otra emoción así como con el conjunto de las «fes» en vuestros límites.

En el momento en que «sabéis» que no sois una serie de reacciones os purificáis: de inmediato vuestras vibraciones elevan su frecuencia. Si lográis no identificaros con vuestras emociones negativas, las vibraciones que os retienen os dejarán, porque ya no les suministraréis vuestra energía vital, de la que se alimentaban. Al poder aprovechar al máximo vuestra energía vital recuperaréis vigor y serenidad. Nada os podrá «contaminar» si no dejáis de centrar vuestra atención en vuestro Yo más profundo.

Cualquier sentimiento emotivo desarmónico que os afecta y que retenéis os empuja hacia el proceso de identificación con el mismo y rebaja el nivel de vuestras vibraciones. Así se mantienen los miedos y sufrimientos, porque todo el mundo se identifica con las frecuencias del miedo y del sufrimiento. La ayuda que podéis dar tendrá poca eficacia respecto a lo que podríais ofrecer cuando vuestras vibraciones permanecen de forma estable en los niveles más elevados.

El Amor no es una emoción... Es una Sustancia que compone y mantiene trabada la estructura de vuestro Ser y de todas las cosas. Es su vibración lo que sentís como sentimiento emotivo positivo, cuya cualidad es proporcional al estado de consciencia con el que lo expresáis. El Amor en sí no puede quedar contaminado por vuestras expresiones imperfectas. Habéis aprendido a conocer el sufrimiento y el miedo, ahora podéis aprender a conocer el Amor... Cuando os desidentificáis de las vibraciones más elementales estáis en vuestro Ser: vuestro Espíritu Divino, o el Sí, como lo llamáis ahora.

Vuestro Ser... es... ese Amor. He aquí con quien os tenéis que identificar... Es desde esta conciencia que podréis ayudar al mundo, emitiendo conscientes pensamientos de amor y luz. No sólo vuestros conflictos y miedos perderán su forma disolviéndose, sino que las vibraciones negativas que afectan a los demás podrán elevarse, empujadas por un nuevo estímulo, positivo y luminoso, que estáis enviando.

El Sol que ilumina en vosotros se une con los Soles de quienes estén actuando en el mundo de la misma forma. Vosotros llevaréis la Luz a las tinieblas...

Ritual

Tomad incienso. Su vibración, que se expande con su suave perfume, os ayudará a sintonizaros con las frecuencias más elevadas de vuestro corazón. Ésta es la razón por la cual el incienso es utilizado desde hace milenios en las ceremonias de purificación.

Sentaos en un rincón de paz en la naturaleza y encendedlo con la intención de elevar vuestro estado energético. Pronunciad, con un sentimiento intenso y vibrante que salga del corazón, un pensamiento de Luz y de Amor que pueda abarcar el mundo entero. Veréis cómo saldrá de vosotros igual que las benéficas emanaciones de unos rayos de Sol. Declarad vuestra intención: «Ofrezco Amor y Luz al mundo…». Utilizad vuestras palabras tal como las sentís brotar de vuestro corazón, con la belleza y unicidad de vuestros sentimientos.

Mantened la sintonía unos minutos hasta que sintáis que vuestro pensamiento, con la ayuda del sentimiento, se refuerza, toma forma, vida… y agradeced… y escuchad vuestro estado interior. Sentid y apreciad el beneficio que vosotros también habréis recibido.

35. Pino ❧ Disponibilidad

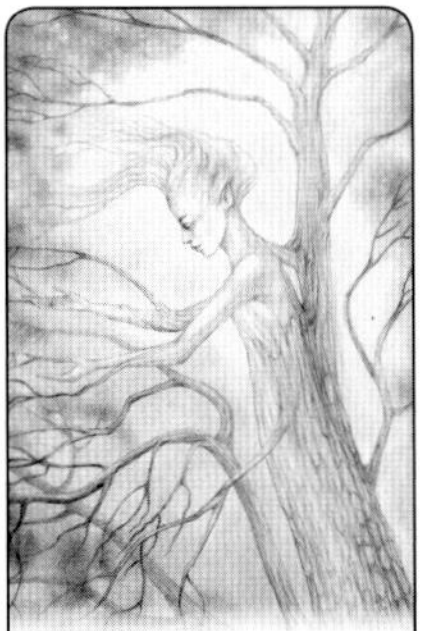

35. Pino ❧ Disponibilidad

Pensad, ¿estáis disponibles? Es una magnífica cualidad, que os conecta con los demás... Altruistas, comprensivos, generosos y atentos con el prójimo, llenáis de amor su vida, gracias a la fuerza del Amor que os anima. Es maravilloso encontraros, teneros al lado. Vuestra misma naturaleza os confiere el beneficio de la alegría, porque amáis y gozáis con la felicidad ajena... Mantened encendida esta Luz vuestra que os sitúa por encima de los egoísmos y la ignorancia del mundo, de manera que pueda recibirla y sacar provecho de ella. Almas antiguas, gracias por vuestra obra consciente. No obstante... Y nos dirigimos a algunos de vosotros ¿sabéis decir que no, para facilitar el bien del otro? Un no, dictado por el conocimiento, la sabiduría, es un acto de amor hacia el otro. Prestad atención a los medios que el otro despliega para lograr vuestra atención, para empujaros a decir que sí. A menudo es el victimismo el que funciona porque despierta vuestro sentido de culpabilidad si os negáis a lo que «pretende». A veces los demás solicitan vuestra disponibilidad sin darse cuenta de su propio egoísmo.

Con un exceso de disponibilidad, sin saberlo, estáis favoreciendo la continuidad de los estados negativos del otro. Fijaos hasta qué punto estáis disponibles en cualquier circunstancia. «¡Ya me encargo yo!» ¿es vuestro lema? Tal vez podríais ser tan generosos como para dejar que también los otros puedan ejercer su disponibilidad dejando que vosotros descanséis un rato.

Si no paráis ni un momento por vuestra incapacidad a decir que no, ¿qué es lo que se oculta en vuestro corazón? Vuestra disponibilidad os hace simpáticos... ¿acaso os empuja, hasta volveros indispensables, irreemplazables, una necesidad de gratificación? ¿O bien es una forma inconsciente de evitar que seáis vosotros los que pidáis la disponibilidad de alguien? ¿Podríais aceptar recibir, dando importancia y valor a lo que el otro puede ofreceros aunque no responda «perfectamente» a vuestras expectativas? Si os dais cuenta de ello, tomad un respiro, descansad para estar disponibles también para vosotros mismos.

Tal vez vuestro corazón os está pidiendo atenciones. Tal vez vosotros también tengáis necesidades que estáis desatendiendo porque no «tenéis tiempo». «¿Cómo se las arregla sin mí? ¿Qué va a ocurrir si no estoy?» ¿Cuántas veces os escucháis diciendo estas frases? ¿De veras pensáis que vuestra momentánea «invisibilidad» puede acarrear daños? Imaginad las consecuencias beneficiosas de esta situación. Mientras vosotros «no estáis», los demás podrán aprender a seguir adelante, incluso podrían descubrir que cuentan con recursos inesperados... y podrán estar satisfechos de ellos mismos. Y vosotros, en vuestra opción de «invisibilidad» podréis descubrir vuestra «presencia», adquiriendo conciencia de las motivaciones que determinan vuestras actuaciones y podréis reafirmar vuestra naturaleza generosa enriqueciéndola con nuevas comprensiones.

Estar disponibles por amor, libres de «secretas» expectativas, con la atención y la sensibilidad que os caracterizan, porque son vuestras tendencias naturales, y corred hacia los demás, animados por el deseo de alcanzar su verdadero bien y satisfacer sus necesidades reales. La compensación que recibiréis, el Amor que os llenará volviendo a vosotros, será inmensa.

Ritual

Tomaros un día todo para vosotros, para volveros algo «invisibles», para dejar en casa las preocupaciones de cada día, el trabajo, los compromisos, los plazos y todo aquello que no seáis vosotros mismos... Bien, tal vez hayáis optado por pasar parte de vuestra «invisibilidad» en la Naturaleza. O tal vez no; en todo caso elegid un lugar que sea relajante.

¡No aprovechéis este regalo que os ofrecéis para apresuraros a hacer todo lo que tenéis pendiente! Relajaos para reflexionar un poco sobre vuestro sentido de disponibilidad hacia los demás y sobre lo que estáis realmente dispuestos a recibir.

Si estáis en la Naturaleza recibiréis unos regalos, símbolos que os desvelarán algo importante para vosotros. Pero, adonde quiera que estéis, procurad abriros para daros cuenta de lo que se os dará.

36. Níspero ❧ Memoria

36. Níspero ❧ Memoria

La memoria es una facultad emplazada en la conciencia, o sea en la esencia, de los seres sensitivos. Plantas, animales e incluso minerales poseen esta facultad, aunque desarrollada según el grado de conciencia propia del nivel de evolución que se haya alcanzado. Hay en ellos una memoria instintiva que les permite guardar las grabaciones de algunas impresiones y las consecuencias de experiencias necesarias para la supervivencia. En el ser humano esta facultad está aún más desarrollada y él la utiliza no sólo para preservar su vida, sino para facilitar su conocimiento del mundo.

El hombre es el único ser en la escala evolutiva de los demás Reinos de la Tierra, que ocupa el peldaño de la conciencia de sí mismo, de su propia individualidad, es decir de los que le diferencia de aquello que no es si... Por esta razón surge en él el deseo de conocer lo que está fuera de sí mismo, es decir el mundo, la vida y su funcionamiento, sus manifestaciones, sus leyes, su esencia. Y cuanto más sube por los peldaños de la escalera de su propia evolución, más se eleva el grado de su conciencia llenándose el archivo de su memoria de datos que documentan el conocimiento adquirido. Sin embargo, ¿qué lo que entendéis por conocimiento?

La facultad de la memoria os permite conservar las impresiones recibidas, pero también las consecuencias que las mismas han producido en vosotros y que asumen la estructura de las ideas que os hacéis de las cosas y de la vida. Almacenar datos en la memoria con el simple objeto de alcanzar cierta erudición no es verdadero conocimiento de la vida si no os guía hasta las raíces de las cosas; si no se traduce en la luz de la comprensión que podéis adquirir sólo a través de la elaboración de vuestras experiencias.

La memoria del pasado tiene el valor de hacer reconocer lo que hay que conservar, meditado y madurado. Es el valor de vuestra historia humana, así como el valor que atribuís a vuestra historia personal, que os permite, en un momento dado, preguntaros porqué estáis aquí, cuál es el significado y el objeto de vuestra vida. Queréis saber quiénes sois... El objeto actual de la vida humana es despertar la memoria de su propio Origen, de tomar conciencia de ella, y hacer su propia consciente experiencia, hasta que el ser humano logre participar del Origen mismo. Uno con ello... permitiendo así a la Fuente de Vida manifestar, a través de la humanidad, el modelo inefable de su Voluntad Creativa. El destino de la humanidad estriba en esta realización.

El momento actual de vuestra encarnación os está llevando al encuentro con vuestro Manantial, en el Templo oculto de vuestra conciencia: se despiertan en vosotros los ideales más elevados que superan y subliman el valor inmenso que habéis atribuido hasta ahora a la materia.

La vida que habéis creado a vuestro alrededor empieza a corresponderse cada vez menos con el modelo interior que se despierta en vuestra memoria. Vuestra vida tal como es ya no os satisface, ya no se basta a sí misma. Ya no queréis sobrevivir, queréis empezar a vivir... Es ésta la necesidad que os empuja, pero todavía no está tan claro en vosotros como para convertirse en una elección, aunque lo sintáis como crisis, confusión, lucha interior, malestar... Estáis en una fase de transición, que os está llevando hacia el umbral de una decisión: el Puente, luminoso como un arcoíris, que os conduce a vuestra Realización se encuentra ante vuestros ojos. La decisión estriba en cruzarlo o no, a sabiendas que vais a dejar todo lo que se encuentre en este lado del Puente. A sabiendas también, por otra parte, que lo que vais a llevar al otro lado de ese Puente, lo verdadero, importante y necesario, sois vosotros mismos: el valor real de lo más resplandeciente que hayáis encontrado en vosotros, recordado y por ello reconocido en vuestro interior. Ese Puente no os llevará a ningún otro lugar, en un reino lejano, allende la Tierra... Ese Puente es el paso que os permite alcanzar otro nivel de conciencia, muy superior. No está fuera de vosotros, sino en vuestro corazón y va a revelarse en el instante en que consigáis aquello que incluye la imagen ideal que de vosotros mismos tenéis para resplandecer de verdad. En el instante en que reconozcáis esa imagen como el Vosotros real, en el instante en que vuestras miradas se encuentren, en el instante más breve del instante en que entendáis que sois Uno y que no existe separación entre vosotros y ese Vosotros ideal, el Puente desaparecerá detrás vuestro, porque ya lo habréis cruzado, superando la distancia aparente que os separaba.

Vuestra memoria es una facultad del Espíritu y por ello os es propia. Vuestra vida. Vuestra vida será transformada. Lo que os sigue reteniendo es el poder inconsciente que otorgáis a vuestro subconsciente, es decir a la memoria psíquica almacenada de la que no tenéis plena conciencia. Cuando no aplicáis el discernimiento a las impresiones que recibís desde el exterior, la memoria instintiva las divide entre agradables y desagradables y el instinto de conservación de la vida innato hace que el subconsciente os dicte la forma en que tenéis que reaccionar. Muchos de vuestros comportamientos son reacciones automáticas ante la repetición de determinados estímulos. La costumbre os impone el automatismo que adormece la conciencia.

El fracaso de vuestras relaciones depende a menudo precisamente de ello: no sois conscientes de vosotros mismos, no aplicáis la facultad de la memoria y viajáis con el piloto automático puesto... En el momento en que os «dais cuenta», recordáis, se forma un «Puente» de conciencia y tenéis la posibilidad de cruzarlo, optando por una acción reflexiva en lugar de una reacción mecánica.

Lo que pensáis y juzgáis de vosotros queda subordinado a la memoria de vuestro subconsciente. Cuánto sufrimiento os ahorraréis cuando adquiráis este conocimiento. Cada vez que os acordéis de Vosotros, y no respondáis a la orden que os quiere reactivos, daréis un paso más, bien despiertos, hacia ese maravilloso Vosotros, el Ser de Luz y de Verdad que os espera.

Ritual

Identificad una costumbre vuestra: un automatismo, una especie de rito mecánico que se repite en vuestro día a día. Decidid interrumpirlo, creando variantes para un nuevo comportamiento. A veces se trata de gestos que se convierten en tics de los que no os dais cuenta. Observaos para descubrirlos, o bien preguntad a quienes os frecuentan qué es lo que detectan de reiterativo en vosotros. Ello os ayuda a aprender a observaros con más atención, con más presencia también en vuestro foro interior.

Vuestro juez, censor o inquisidor interior ejerce poder sobre vosotros porque le dais crédito. Cuando os dais cuenta de una actuación vuestra recurrente descubrís otro automatismo. Escribidlo en una hoja (a veces la memoria necesita un pequeño soporte) al tiempo que declaráis: «Ahora que te he reconocido soy yo quien tiene poder sobre ti...». A continuación rompedla en mil pedacitos, mientras reafirmáis con fuerza y convicción vuestra declaración.

Tal vez vuestra reacción automática seguirá actuando durante un tiempo pero, cuanto más recordéis, más tendréis el Poder de debilitarla haciendo aflorar vuestra luz interior.

37. Chopo blanco ❧ Armonía

37. Chopo blanco ❧ Armonía

Una música suave se expande... con perfecta proporción y simetría de elementos que, con gracia y coherencia, fluctúan y se difunden siguiendo el sonido principal, con variables que nunca son disonantes... constantemente de acuerdo con él. Todo es sonido, porque todo es vibración. Todo es armonía... mientras ninguna vibración se desvíe, desafinando, del tema principal. Este tema tiene su origen en un «punto» que está más allá y, al mismo tiempo, en el centro de todas las cosas; es su esencia y origen. Ese «punto» lo hemos llamado el Uno... Dios... el Manantial de la Vida de cada átomo, de cada organismo, de cada criatura que vive en los Universos.

¿Qué es lo que veis al levantar la mirada para contemplar las estrellas? Y ¿qué sentís cuando a la luz de su perfección se os llena el corazón de maravilla y emoción? Armonía... En tales momentos estáis en resonancia con la Armonía Universal: los sonidos que brotan de vuestras vibraciones suenan perfectamente de acuerdo con el tema principal, con el Uno que canta sin cesar su Creación infinita... Y os sentís tan bien que os eleváis en el deseo de bailar entre las estrellas, con el deseo de uniros conscientemente a ese coro de Armonía celestial.

Cuando os halláis conectados íntimamente con el sonido principal, que vibra en vosotros al igual que en todas las demás cosas, cuando os acopláis al flujo armónico, en el que nada es estático, estáis participando de la Armonía y estáis en la Armonía, os sentís en paz, abiertos, gozosos, libres... Entonces y únicamente entonces sois co-creadores, es decir parte consciente de la Creación.

Sois los instrumentos de Su orquesta, las voces de Su coro... y os generó Perfectos de su Perfección... Como podríais no serlo si todo lo que vibra en vosotros, desde la materia de vuestros cuerpos a la esencia de vuestro Espíritu, es Su misma Sustancia Perfecta. Los colores, la naturaleza de vuestras voces, de vuestros pensamientos y de vuestras acciones son armoniosos cuando convergen con fluidez en la vibración original. Aunque no tengáis conciencia de ello así es. Os sentís bien cuando estáis en armonía con vosotros mismos, y cuando os detenéis en un lugar donde ella reina, la reconocéis, y, al igual que un diapasón, os acordáis con ella.

También entre vosotros, cuando os encontráis más en vuestros corazones que en los pretextos de la mente, cuando vuestros pensamientos y sentimientos fluyen entre vosotros en líquidas notas de comprensión, respeto, unión, la música celestial de la armonía resuena, vibrante y provechosa, portadora del néctar de Amor que os alimenta y os transporta por encima de vuestro sentir ordinario. Cuando estáis en armonía los centros de energía de vuestro cuerpo son música: toda la octava que componen vibra en acorde perfecto llevándoos hasta los umbrales de las armónicas superiores. Pensad en lo que ocurre cuando la energía de un pensamiento que emitís se «resiste» o «desvía» del contexto armónico de vuestro cuerpo.

Si algo en vosotros ya no participa o se aleja de ese flujo, sufrís el efecto que produce un instrumento que en una orquesta de repente empieza a desafinar. La desarmonía que experimentáis es la falta de acorde a la que dais muchos nombres y a las que atribuís muchas causas distintas.

¿Qué hace un director de orquesta cuando un instrumento desafina? Lo llama al orden para que se conforme con la armonía que hace magnífica la ejecución de la sinfonía. Así actúa el Director de orquesta en vosotros, os insta a que os ajustéis al ritmo tocando las notas correctas para que haya bienestar en vosotros. Porque vosotros, conscientes o no de ello, deseando reencontrar vuestro acorde, buscáis convertiros en instrumento perfecto, a través del cual pueda tocar la Orquesta del Amor Universal...

Ritual

Dedicaos a dar un paseo por la Naturaleza, la que mejor responda a lo que deseáis volver a armonizar dentro de vosotros. Puede ser el bosque, el campo, el lago o la playa del mar... Sentid cuál de estos lugares os llama a ser partícipes de sus benéficas vibraciones.

Recolectad los elementos que la Naturaleza ha dejado aquí y allá en el suelo y que os inspiran: hojas, conchas, musgos, piedrecillas de colores... De vuelta a casa construid con ellos algo bonito y agradable, dejando que os guíe lo que su conjunto os sugiera, y que represente la armonía que deseáis hallar

38. Rododendro ❧ Fuerza

38. Rododendro ❧ Fuerza

El fuego dobla una pieza de hierro. Una rama se ha partido bajo el peso de la nieve. Una semilla se ha abierto convirtiéndose en brote. Una gota de agua ha cavado en la roca. Un rayo de Sol ha derrotado a la noche… Una energía vigorosa impone una voluntad propia, domando la resistencia que encuentra dinámica, cargada de vitalidad.

La fuerza poderosa es implícita en los elementos de la Naturaleza, hasta la más pequeña partícula, en un átomo que interpretáis según vuestro conocimiento pero que a menudo continúa huyendo de vuestra comprensión. La llamáis «Ley Natural» sin intuir aún el Diseño que la expresa, la Voluntad que la dirige… Sólo veis sus efectos: el más fuerte que derrota al más débil. La fuerza física y la fuerza interior, ambas pueden aplastar y dominar una fuerza más débil. Cuando son dirigidas por una intención benévola y un ideal elevado el resultado de sus acciones acrecienta el bien. Cuando la voluntad que se impone es guiada en cambio por el egoísmo, capaz sólo de satisfacer sus propios intereses, la fuerza, tanto física como interior, se vuelve destructiva... Se convierte en deseo de poder... Podéis verla actuando en vuestra realidad, de la más grande a la más pequeñas imposición sobre el más débil.

Autoritarismo y autoridad se confunde a menudo en el significado que les otorgáis. Ambos ejercen poder, sin embargo el primero abusa de él, prevaricando y subyugando, mientras que la segunda lo expresa con el equilibrio de la consideración amorosa por el otro. No es el rol que desempeñáis lo que os confiere autoridad, sino la cualidad de los valores con que la vivís y ejercéis. Quien ha derrotado su propia debilidad interior tiene poder sobre sí mismo, y mucha fuerza se desprende de su ser, naturalmente grabada en cada uno de sus gestos, dirigiendo sus pensamientos, palabras y sentimientos. Se manifiesta como una energía benévola, pero poderosa, cargada de ascendente positivo. Vosotros mismos la ofrecéis a los que valoráis por sus capacidades y méritos. El que quiera ejercer este derecho sin contar con los requisitos necesarios, con la prepotencia y la ignorancia que tiene de sí mismo y de los demás o el que cree tenerlo simplemente porque desempeña un cargo de poder, no tiene autoridad sobre los demás. Sólo posee la voluntad egoísta de dominar, utilizando el miedo de los otros. ¿Qué clase de fuerza es ésta? En realidad esta persona sólo intenta exorcizar sus propias debilidades internas y sus propios miedos.

La fuerza del tirano se alimenta de vuestras debilidades. Vosotros cedéis a su arrogancia, porque desconocéis o no confiáis en vuestra fuerza interior. Y de esta forma vuestra voluntad flaqueante os hace fácilmente influenciables... os enfrentáis, sin ser conscientes de esta ilusión, con los modelos de fuerza que abusan de vosotros, porque no tenéis muy claro qué representa realmente este modelo. Fuerza es también la de una flor que se abre: es su voluntad de manifestarse. Delicadeza, dulzura, suavidad expresan una fuerza extraordinaria que dobla la arrogancia, la violencia, la indiferencia. Sin embargo a menudo la tomáis por debilidad, dejando que os impresionen manifestaciones aparatosas de altivez, astucia, absolutismo que otros os imponen, y que también desplegáis hacia vosotros mismos y a vuestras relaciones. Y de la misma forma en que actuáis en vuestro interior, con vosotros mismos, actuáis hacia el exterior. Mientras sigáis cediendo a este engaño vuestra vida tendrá la forma de los límites que expresáis. Al final descubriréis habéis sucumbido a vosotros mismos, por haber dirigido vuestra fuerza hacia la dirección equivocada, contraria a vuestra naturaleza. ¿Qué límites os estáis imponiendo? La Vida se manifiesta también a través de vosotros, a través de la peculiaridad que os hace hermosos y únicos. La decisión de conoceros y manifestaros, animados por esta verdad, es una fuerza positiva, estimulante, creativa y transformadora. Y lo es para vosotros mismos y para quienes se crucen en vuestro camino.

Fuerza es saber emprender una actividad, y también es fuerza cuando ambas acciones son inspiradas por la voluntad de alcanzar una meta más elevada, un bien superior tanto para vosotros como para el otro. Cuando es esta forma de sentir la que os anima, con claridad, calidez y dedicación, vuestra voluntad empieza a ser dirigida por vuestro Espíritu. Bajo su dirección alcanzaréis vuestra Maestría cobrando autoridad sobre todos vuestros límites: sobre todo aquello a lo que habíais concedido poder en vosotros y que os impedía ser la Luz y el Amor que sois. La fuerza es la unión de mente y corazón. Es la potencia del Sol y la clemencia de la nube. Es la fertilidad que nace cuando la roca se une con la fluidez del agua. También es el ímpetu del volcán que cede y llena su vientre con la tranquila frescura de un lago, y la inmovilidad del desierto que acepta el desorden del viento. La fuerza es la visión del ojo que vislumbra el brillo de una estrella y se abre en lejanos horizontes, es el oído que escucha la voz del silencio, porque la boca calla... Es el alma que vuelve a encontrar el camino con la respiración acompasada de un paso tras otro.

Ritual

Sentados, tranquilamente, en un bonito lugar de la Naturaleza que os haya atraído... en íntima sintonía con él, respirad hondo, dejando que vuestros ojos se cierren. Estáis viajando hacia vuestro corazón: el Templo donde os espera el Espíritu. La Esencia en la que vuestros límites quedan superados. El Ser que veis o sentís en vuestro fuero interior, magnífico y resplandeciente de Luz sois vosotros. Aquel, o Aquella que realmente sois... Notad la fuerza que desprende con la potencia de los aspectos más sublimes que podéis imaginar... dejaos acariciar, compenetrar... Dejad que un canto brote espontáneamente de vuestro corazón y liberadlo con gratitud y confianza en vosotros mismos. Liberad vuestro canto: vuestra voz expresa una melodía que fluctúa y se difunde a vuestro alrededor para acariciar con vuestro sentimiento cada árbol, flor, roca, criatura, todas las cosas... Un canto que exprese la fuerza de la Belleza que habéis vuelto a contactar en vosotros. Vuestro corazón canta a través de vuestra voz... ¿Lo escucháis? La melodía, sin palabras, sube y os transporta hasta alturas superiores, donde sois libres, en comunión con todas las cosas. Luego, cuando el canto lentamente se va apagando, os quedáis un rato más, con los ojos cerrados, en la vibrante energía que ha generado... Gracias... Os damos las gracias desde lo profundo del corazón.

39. Olmo ❧ Valentía

39. Olmo ❧ Valentía

Hay una Luz cegadora más allá de la oscuridad de vuestros miedos... Los miedos que ensombrecen vuestros sueños, atormentan vuestras noches, rompen la calma de vuestras almas y confunden vuestras mentes, que os vuelven angustiados, inseguros, dudosos, y a los que dais poder sobre vosotros mismos. O a los que reaccionáis a veces, buscando tímidas justificaciones. Miedo que intentáis ocultar a vuestros mismos ojos, tomando actitudes y comportamientos que parecen desenfadados, incluso arrogantes con los que intentáis convenceros y que, sin embargo, entran en contradicción con lo que realmente quisierais vivir en vosotros: la libertad, benéfica y gozosa de poder ser lo que, en lo profundo, sentís que podéis ser.

El miedo os paraliza, os congela, os niega a vosotros mismos. ¿Durante cuánto tiempo seguiréis sometidos a sus trampas, a las astucias con las que os engaña y que absorben vuestra energía vital, convenciéndoos de que no podéis osar? Cuando decís: «Esto no me apetece, no me gusta, no va conmigo... no consigo hacerlo... cómo va a tocarme a mí esta suerte», ¿estáis seguros que entre bambalinas no se mueva uno de vuestros miedos no reconocidos? ¿A cuántas «raciones» importantes de vuestras vidas renunciáis por ella?

La valentía es una fuerza que brota de vuestro corazón y que os empuja a levantar el velo bajo el que os ocultáis, a dar un paso hacia la Luz que habéis vislumbrado tras él. Valentía es acción dirigida por el corazón: cuando en vuestro corazón encontráis un objeto, una meta por alcanzar y que no admite excusas ni aplazamientos.

Es una fuerza del corazón, una fuerza poderosa de Amor que os pide urgencia, atención, ardor… Que os llama a la acción, a atreveros a pesar del fantasma del miedo que os acecha.

De hecho, ¿de qué clase de valor estaríamos hablando si no hubiera el miedo caminando a vuestro lado, pegado a vosotros hasta que le dejaréis atrás tomando la decisión de actuar? ¿Creéis que los valientes, los «héroes» que tanto admiráis, actuaron de forma ejemplar y ganaron porque desconocían el miedo?

Ninguna criatura está libre de miedo antes de reconocer en sí misma el Poder Superior que la anima, alimenta y ama… Antes de perder, gracias a este conocimiento, la identificación con otros poderes, a los que había dado crédito y el nombre de miedos.

Los miedos, ya lo sabéis, no desaparecen por sí solos, por agotamiento, con el paso del tiempo… Sólo desaparecen cuando vuestro coraje os lleva a afirmar y reafirmar su opuesto en vosotros, mediante una actuación conforme con la Luz y no con la oscuridad en la que el miedo os retiene.

Cuando con valentía saltáis más allá de esa oscuridad opresiva, fieles a vuestra meta, la fuerza que se libera en vuestro interior os lleva al otro lado de ese abismo, en la Luz y el goce de vosotros mismos. Llegará a pareceros increíble que hayáis podido tener tanto miedo… Descubriréis que el miedo no es otra cosa que una ilusión. Que la oscuridad no existe, que el hielo y la inmovilidad que os atenazaban se deshacen en el calor benéfico de la Luz reencontrada y en la suave levedad de vuestra calma vuestra alma encontrará la paz.

Ritual

Un rincón de Naturaleza y vosotros… En soledad para poder estar un rato con vosotros mismos. ¿Cuál es el miedo que más os obstaculiza? Visualizadlo, sentidlo en vuestro interior e imaginad lo que os gustaría sentir y vivir en su lugar. Observaos actuar en vuestro interior, libres de él, con todos los detalles que puedan dar fuerza a vuestra visión.

Y a continuación dad un semblante a vuestro miedo, como si fuera un personaje externo a vosotros, e imaginadlo sentado delante de vosotros imposibilitado a actuar por la fuerza natural de vuestro mando: vosotros sois los héroes, dotados de valentía y virtudes extraordinarias… y ahora danzad delante de vuestro miedo.

Cread los pasos de vuestra Danza de fuerza, alegría, libertad: enseñad a ese siniestro personaje sentado «Quién» sois. Mientras danzáis con esta convicción, vuestra Luz se expande y los contornos de ese miedo se van desenfocando, pierden intensidad, hasta desaparecer por la acción de vuestra luz. Llevad con vosotros esta Danza, la energía que habéis vuelto a encontrar y ahora ... venga, a actuar.

40. Paulonia ❧ Sinceridad

40. Paulonia ❧ Sinceridad

La sinceridad es una dote excelente. Es lo auténtico, lo genuino, lo transparente, espontáneo, honesto... Oh... En muchos de vosotros es una cualidad natural, pero cuántos secretos se esconden en el alma de los hombres... Hasta qué punto sus palabras ocultan sus verdaderas intenciones, sus verdaderos pensamientos y sus verdaderos sentimientos...

La sinceridad tiene la transparencia de un cristal, a través del cual es posible descubrir la pureza del corazón... y es como la luz del Sol que revela la verdad de las cosas, su auténtica forma y sus sombras, de las que no pueden escaparse... Sois sinceros cuando vuestro comportamiento y vuestras expresiones se corresponden con lo que pensáis y sentís. Ofrecer sinceridad y recibirla da seguridad, porque nos permite saber con claridad a quién tenemos delante. Aquel que es sincero con los demás también lo es consigo mismo: sabe reconocer honestamente sus propias sombras y también sus dotes... Así puede confiar en sí mismo, porque ha aprendido a confiar en la Luz que hay en su fuero interior que las revela. Su Sol interior es vivo y resplandeciente… permitiéndole conocerse, abrir el cofre donde se halla guardado su tesoro más grande: su corazón. No teme revelarse, porque conoce la ilusión de las máscaras que lleva. Y entonces no le afectan ni sus sombras ni las de los otros. Vive a sí mismo en la independencia interior de los vínculos externos que pueden retenerle…

Y vosotros ofrecéis confianza a quien es sincero… porque notáis que os está revelando su verdad; con sencillez y humildad no os oculta nada, ni siquiera sus carencias… Si sois sinceros y honestos con vosotros mismos es porque poseéis la virtud de la humildad y sabéis reconocer y reprimir las manifestaciones de orgullo. Cuánto orgullo y soberbia, en cambio, se manifiestan en algunos que afirman ser humildes, honestos y sinceros. Suelen ser las personas que os espetan en la cara lo que piensan de vosotros, más que revelaros lo que piensan en realidad de sí mismas. O que se esconden bajo la falsa apariencia de una suavidad y amabilidad que en realidad no poseen.

¿Cuál es el don que os ofrece la sinceridad? La verdad de vosotros mismos. Os permite entender el «punto» en que os encontráis y de esta forma os permite mejorar. Al conocer vuestras sombras también conocéis la Luz que las proyecta. Un cuerpo produce una sombra oscura correspondiente con su densidad. Cuanto más transparente se vuelva, más leve será su sombra, a penas visible… Su transparencia facilitará que la luz penetre en él y le atraviese, y al aumentar esta claridad cuerpo y luz se acabarán fundiendo hasta que deje de proyectar sombra alguna. Aquí está el sentido y el valor de la honestidad y sinceridad para con uno mismo. Aquí está la Verdad que se encierra en el cofre de vuestro corazón. La joya más preciosa que podéis lucir.

Expresad vuestra verdad, los pensamientos y sentimientos con sinceridad pero procurando no herir al otro con las formas impulsivas y ásperas que a veces adoptáis. Hay una forma y, en ocasiones, un momento, para decir lo que os preocupa. Tened en cuenta también la sensibilidad del otro. Demasiado pronto o de forma demasiado abrupta a menudo resulta inútil o dañino. Ayudad más bien al otro a alcanzar un estado de apertura que le permita recibir una verdad y sólo podréis hacerlo comunicándole vuestros sentimientos con amor y respeto. La verdad no necesita cátedras. No la revela quien la predica sino quien la practica. Vuestro corazón es el papel de tornasol de vuestra verdad: no podéis mentirle, o no durante tanto tiempo como pensáis. Sed espontáneos y francos. De aquella espontaneidad que es inmediatez y cordialidad, simpatía y pureza, libre de etiquetas de formalidad tan... anticuadas... pasadas de moda en este tiempo de Despertares.

Ritual

¿Cuál es el «secreto» que guardáis en vuestro interior, tan oculto que nunca os habéis atrevido a revelarlo temiendo que, al hacerlo, afectara el juicio de los demás? No temáis, no voy a sugerir que lo reveléis. Pero, qué alivio si pudierais soltar ese lastre, ¿no es cierto? Pues ahora podéis hacerlo, aquí en el rincón recoleto de Naturaleza que hayáis elegido.

Estáis solos, con la compañía de vuestro corazón y del Universo que os abraza y no os juzga... Que os acoge y os comprende más de lo que ahora podéis comprenderos vosotros mismos.

Cuando estéis preparados y dispuestos, susurrad vuestro secreto, pidiendo con sinceridad ser purificados y librados de su peso. Ahora vuestra sombra se ha vuelto más ligera... Su forma oscura ha perdido consistencia, rarefacta como el aire que os envuelve con su suave abrazo.

41. Cornejo ✾ Esperanza

La esperanza es un deseo, una expectativa que confía con optimismo en el futuro. Sin embargo también puede encubrir una actitud pasiva del alma que, decepcionada, desprovista de una sana iniciativa, de participación dinámica en los acontecimientos, espera que «tarde o temprano las cosas cambien».

El optimismo, que no hay que confundir con la superficialidad, es una disposición positiva del alma, que todo desea verlo en la óptica del Bien. Es típico de quienes «saben» que el Bien, Dios, es la sustancia que se halla presente por doquier, en todas las cosas, y por ello sabe verlo incluso donde no parece probable; sabe sacarlo de los acontecimientos que lo contradicen y sabe verlo en el corazón de las criaturas, al igual que en el suyo… Esta fe es conocimiento de una Verdad que el individuo advierte en lo más profundo de sí mismo y que se convierte en la experiencia de su vida.

La esperanza se manifiesta entonces como la luz de una posibilidad, de una visión positiva, serena y racional, que tiene en cuenta y se vale de los elementos que contribuyen a la realización de ese deseo, a sabiendas de que no son casuales.

Quien guarda esperanza también tiene en cuenta que la existencia es un campo infinito de posibilidades del cual su propia presencia, sus pensamientos y acciones forman parte dependiendo de ellos también las «coincidencias» que pueden producir lo que desea. En la esperanza, en el sentido más común que se le da, hay cierta expectativa confiada, pero también su opuesto, o sea la duda que el Bien esperado pueda no ser alcanzado. ¿En quién confiáis cuando esperáis? ¿En qué elementos os basáis para que vuestro deseo se realice? Hay un dicho creado por alguien de vuestro pasado: «Quien vive de esperanza muere desesperado...». Pero ¿de dónde procede esta sabiduría, de qué experiencia ha llegado la comprensión? Utilizáis la palabra «esperanza» con mucha frecuencia: «Espero que salga bien, espero conseguirlo, espero que cambie, espero que ocurra...». ¿Os dais cuenta de cuánta duda hay en lo que queréis ver como una actitud positiva? La duda os vuelve pasivos. Esta débil esperanza os vuelve pasivos. Os alejáis del Bien que hay en vosotros cada vez que, en este sentido, decís... «espero». En ese instante declaráis vuestra falta de fe. Por esto lo esperáis como un evento externo, como un «premio» que podéis en distinta medida «merecer».

Se os enseñó, y a muy pesar vuestro tuvisteis que creerlo, que la esperanza es una virtud de fe en Dios, el cual vive lejos de vuestros corazones y puede acceder o no a ayudaros. No os enseñaron que Dios está en vosotros, en cada átomo de vuestro cuerpo y que vosotros estáis «hechos» de Dios, que vuestro corazón vibra en la frecuencia del Bien, del Amor, de la Sabiduría... Dios no es, por tanto, un logro futuro, porque ya «lo tenéis» en vosotros, en cada uno de vuestros latidos, respiraciones, sentimientos... Y todo el Bien que deseáis y que esperáis obtener fluye sin cesar en vosotros. Se encuentra en todas las cosas y las mantiene trabadas en una Unidad que todavía no sabéis aceptar... Ni tampoco lo «alcanzáis» sólo a través de la muerte, porque Dios es la Vida y se encuentra aquí ahora, siempre presente y no... tal vez, en el futuro. Justo aquí, en este instante eterno. Lo respiráis, podéis sentirlo y verlo en toda vuestra vida porque vosotros mismos sois la Vida.

Cuando decís: «Espero conseguirlo, espero ganar» ya estáis admitiendo vuestra derrota, porque en vuestro interior os negáis a participar de forma consciente para atraer el resultado deseado. Vuestra voluntad se debilita, ya no alimentada ni guiada por la Voluntad que sólo quiere vuestro Bien. Ocurre que, durante la espera ya imagináis, de forma casi automática, lo que «no queréis» que pase, dejando en un segundo plano la visión espléndida de lo que queréis lograr. ¿No es cierto? Así se produce una fase de empate: en el mismo momento en que «queréis» decís «no lo puedo conseguir», y la mayoría de veces se confirmará esto último. Esperáis porque en realidad delegáis a una «casualidad» la realización «milagrosa» de vuestro deseo. Y llamáis milagro a un acontecimiento positivo y repentino sólo porque sois escépticos frente al Bien. No obstante el «milagro» es un acto de fe, no de esperanza. Una fe que es íntima certeza de que Dios tiene que dar respuesta a vuestras necesidades.

La oración es un diálogo de Amor con Dios en vuestro interior, que «activáis» con vuestro sentimiento positivo y con vuestro pensamiento luminoso, sin plantear dudas. Entonces todas las células de vuestro cuerpo empezarán a vibrar en las frecuencias divinas y vuestro pensamiento se volverá magnético atrayendo las circunstancias que podrán llevaros a la realización. Cuánta energía preciosa disipáis, como niños malcriados que exigen esto y lo otro de sus padres y que ponen morros si no lo obtienen. Por el contrario ¿cómo es vuestra participación adulta? Nos podemos sentir muy solos, desencantados y desesperados cuando el «mundo» frustra nuestras expectativas. Esto equivale a «morir» en la Vida, cuando perdéis o no os despertáis con Su contacto, cuando lo rechazáis. Y depositáis vuestra confianza en los hombres que, al igual que vosotros, no la encaminan en la dirección correcta.

Todos camináis en la ceguera. ¿Qué Bien podéis alcanzar si no veis a dónde vais? Cuando finalmente vuestro ojos se abran tendréis un papel activo en vuestro Bien; participando en vuestro Bien y en el ajeno, con placer, con gozo, sin el lastre de la duda, ni con la amargura de las desilusiones.

Ritual

Con la primera luz del amanecer de un día transparente, buscad un lugar donde podáis ver, en calma y soledad, el nacimiento del Sol. Durante la espera de los primeros rayos de luz interiorízate, entrando en el espacio sagrado de vuestro corazón, al tiempo que respiráis las vibraciones benéficas de esta hora.

Cuando el astro suba en el horizonte, inundando el mundo con su fulgor y calor, abrid los brazos como si fuerais a abrazarle, con las palmas de las manos dirigidas hacia la luz que dejaréis penetrar en vosotros, sintiendo cómo la luz del Sol despierta la Luz que hay en vuestro interior: «Recibo el Don de este día… Recibo y acepto el Don de la Vida… en mí y en cada instante y situación de este nuevo día…». Que ésta pueda ser vuestra decisión de empezar cada uno de vuestros días. Y no hace falta que os desplacéis físicamente como habéis hecho en este caso. Podéis hacerlo en el momento en que abrís los ojos por la mañana, con gratitud, bendiciendo el día que va a empezar.

Manteniendo esta disposición en vosotros, o acudiendo a ella cada vez que la necesitéis, vuestras «nubes» desaparecerán y os sentiréis más positivos, abiertos, activos y vuestras acciones, pensamientos y palabras responderán cada vez con más naturalidad y confianza en la Luz del Bien: al Sol Divino que abre vuestros ojos a cada nuevo amanecer.

42. Eucalipto ❧ Compromiso

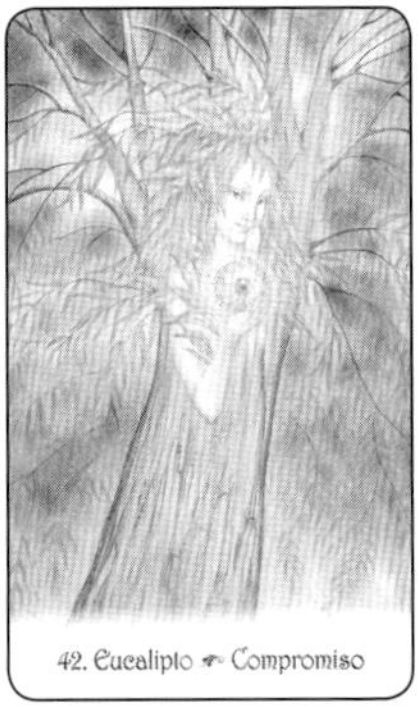

42. Eucalipto ❧ Compromiso

Siempre estáis ocupados. Os pasáis la vida sumergidos y absorbidos en mil cosas por hacer... Vuestra energía y el estímulo en las actividades del día a día está sobrecargada de obligaciones que se enlazan una con las otras en un entramado que os ahoga, que os da prisas, imponiéndoos correr para no quedar rezagados, permanecer a flote en el flujo frenético de vuestra realidad... Y lo divertido es que todo esto ¡os parece normal! Hasta vuestros hijos están sobrecargados de «necesidades interesantes» para su desarrollo y, después de la escuela, tienen que correr a desempeñar otras tareas.

No hay pausas, nadie está dispuesto a esperar. Sois, os dicen, un eslabón de una cadena que puede reemplazarse fácilmente... Ansia y depresión son los frutos de esta copiosa plantación sin sentido y enmarañada. Habéis subvertido la Ley natural y reinterpretado el sentido del deber: estáis obligados a poner lubricante en la cadena, y cuando más ponéis más os exigen. Y si os negáis el castigo es la exclusión. Tenéis cada vez menos posibilidades de elegir y vuestros compromisos se convierten en imposición.

En la mayoría de casos vuestros ambientes laborales están impregnados de malhumores y de la resistencia pasiva a este ritmo que de forma inconsciente marcáis. ¿Cuánta serenidad podéis obtener si no podéis trabajar con alegría? Vuestra experiencia de la materia está alcanzando una cumbre: dais prioridad a la superficie y la materia misma, que tanto amáis, está desprovista de cualidad, desprovista de su sacralidad. Sí, porque también la materia contiene la Esencia que la permite. Mirad vuestros alimentos, el aire, los tejidos de vuestros vestidos: ya no hay vitalidad en ellos. La fantasía que habéis aceptado os propone miles de cosas haciéndolas pasar por necesidades. Cosas que ya habéis llegado a considerar imprescindibles.

Vuestra realidad, trasladada en esta exterioridad, os quita el tiempo y la importancia de restableceros en vuestro interior. El placer tan efímero que perseguís en vuestras vidas necesita continuos estímulos para no decaer y os quita la necesidad de vivir realmente lo que llamáis amor. ¿Y acaso no es el Amor vuestra necesidad verdadera y profunda? ¿Cómo podréis encontrarlo si lo confundís con las emociones del placer? Incluso vuestra «nueva» espiritualidad, en cierta medida, os propone adquirir cualidades dirigidas a proveeros de más poder personal, pero pocas veces se habla de Quien os las dona. Y sin embargo, justamente de estas arenas movedizas en las que estáis atrapados, podéis sacar comprensión y claridad y buscar el impulso para volver a la superficie, llenando vuestros pulmones de oxígeno; de la esencia balsámica que os resulta necesaria, indispensable. Es esta imperiosa necesidad de aire puro que os empuja, cuando sentís que la cualidad de la vida ha quedado en segundo plano respecto a la cantidad, abrumadora e inútil, de cosas por producir. Entonces sentís la necesidad de replantearlo todo.

Sentís que podéis tomar decisiones cualitativas para vuestra vida y que, con razón, tenéis derecho a ello. Podéis de esta forma volver a entrar en el flujo de la Vida que os corresponde, abriendo espacios a las necesidades interiores que habéis «tenido» que dejar de lado y el compromiso y el deber adquirirán su correcto significado. En ello volveréis a encontrar felicidad porque os habréis acompasado con el ritmo de la Ley Universal a la que pertenecéis, respiraréis a través de Sus pulmones el verdadero bienestar... También entenderéis que cuando se hacen demasiadas cosas el tiempo se acorta y que muy poco de lo que afirmáis que «tenéis que hacer» puede profundizarse: no hay tiempo para entender, para contemplar, para recibir nuevos significados iluminadores. Podéis enriquecer vuestras vidas... renunciando a ciertas cosas. Identificad las prioridades y elegid cuáles podéis dejar y cuáles son las verdaderamente importantes. Y dedicaos con atención, decisión y compromiso a ellas.

Al elegir, reemplazad los verbos. Deciros a vosotros mismos: «Yo puedo, yo tengo el poder de realizar y completar, de elegir...»., en lugar de: «Yo debo, tengo el deber de realizar y completar, de elegir...». ¿Os dais cuenta de cuán diferente suenan en vosotros ambas afirmaciones? Cuando decís: «Yo puedo elegir», volvéis a contactar con vuestra Verdad interior, la esencia de vuestra real naturaleza, vuestra pertinencia divina: la Libertad de Espíritu que dio origen a la materia. ¡Cómo cambiará el sentido que daréis a vuestro esfuerzo! Volveréis a encontrar oxígeno y alegría de hacer también en el esfuerzo que desplegaréis para conoceros a vosotros mismos. Cada esfuerzo de esta clase os donará su fruto... Siempre elegiréis más en base a lo que de verdad os aporta un Bien y os enriquece de cualidad sustancial. A partir de este momento empezáis a participar en vuestra «cura»... que ya no «pediréis» a alguien externo. Cuando pedís ayuda y el otro os la brinda, su compromiso consiste en favorecer vuestro bien y el vuestro en «volver activo» lo que se os da.

Nadie puede asumir el compromiso de vivir vuestra vida en vuestro lugar... No sois esclavos ni condenados, si no en la medida en que os conformáis. Sed protagonistas de vuestra vida, no simples figurantes... Así recibiréis el Fruto magnífico, jugoso y perfumado de vuestro esfuerzo que degustaréis con alegría y gratitud. Y mirad... ¿Qué es lo que hay dentro el fruto? Una semilla... El Don que recibís es la recompensa merecida y un símbolo potente: la incitación a seguir adelante... a sembrar esa semilla para multiplicar la cosecha, de manera que otros puedan recibir y tener la posibilidad de comprender, como habéis hecho vosotros, pudiendo juntos beneficiaros de la riqueza de vuestros campos.

Y el vuestro no será un esfuerzo inútil... Nada se perderá de lo que sembráis en la dedicación de vuestro corazón.

Ritual

¿Hay algo que desearíais regalaros, que tenga para vosotros un gran significado interior y que aún no os hayáis concedido?

Mirad bajo un nuevo prisma de comprensión esta oportunidad, recordad que vuestras semillas seguirán inutilizadas mientras permanezcan en la «seguridad» de vuestros bolsillos.

43. Serbo silvestre ☙ Acogida

43. Serbo silvestre ☙ Acogida

Mirad como los árboles acogen a los pájaros... A veces aldeas enteras de pequeños plumados se refugian en la hospitalidad de sus copas. Sus ramas los amparan y ellos, abrigados en sus cálidos nidos, se sienten seguros. Sus cantos maravillosos llenan de delicia el corazón de los árboles... Antaño, en las aldeas, vivíais en comunidad. Vuestros amigos eran los que nacían y crecían con vosotros. Conocíais el criterio y el valor de la hospitalidad y la acogida. La edad era indicador de experiencia, y por tanto de sabiduría, y las risas de los niños volaban, libres de cantar su felicidad. Vuestras comodidades eran suficientes para vuestras necesidades... En vuestras ciudades todo esto ha sido olvidado.

La alegría que puede derivarse de la sencillez de las cosas pequeñas y de la importancia de acogeros unos a otros ha sido despreciada y despojada de su valor... Cuánta frialdad, indiferencia y aislamiento se viven en esas grandes ciudades vuestras... Se ha olvidado el sentido auténtico de comunidad...

Acogida es cuando recibís al otro en el espacio de vuestro corazón… porque vuestro corazón es tan grande que contiene el Amor Infinito, e infinitamente vuestro corazón puede amar sin secarse nunca del Agua de Vida…

Cuando abrís vuestra casa ofrecéis al huésped las mejores viandas, porque el huésped es el mismo Amor que se reconoce en sí y se reúne en el otro… Por esto antaño le considerabais sacro… Porque el Ser Sacro presente en vosotros abría los brazos al Ser Sacro presente en el corazón del otro. Porque cada huésped lleva a Dios en su corazón. Recibisteis hace tiempo esta enseñanza. Recordadla… Recuperad su valor y significado… Si vuestro corazón está cerrado, de qué sirve que pongáis a disposición vuestra casa, vuestras tazas, vuestras camas…Cuando vuestro corazón comprende la acogida podéis recibir a quienquiera que encontréis, porque vuestra verdadera casa, donde acogéis a los demás, siempre la lleváis con vosotros, adondequiera que vayáis…

Observad hasta qué punto la incapacidad de acogida desempeña un papel determinante también en vuestras relaciones afectivas. En lugar de recibir en vosotros al otro que amáis y satisfacer sus necesidades con vuestro amor, favoreciendo su bien, pretendéis que sea el otro quien comprenda y satisfaga vuestras necesidades. Por este motivo vuestras relaciones no «funcionan» y se derrumban. Pensad que ambos tenéis la misma actitud acogedora. ¿Alcanzáis a imaginar el resultado? En el instante en que acogéis, vosotros mismos sois acogidos ¿Sentís cómo os amplifica y calienta el Amor que vuelve a vosotros? ¿No es justamente ésta vuestra necesidad más profunda, la de ser acogidos por el Amor? ¿Cuál es el contrario de la acogida? El rechazo.

Deseáis que se os acoja con auténtico amor, sin embargo vuestro corazón conoce el dolor del rechazo, lo que teméis y que se oculta en vuestra alma desde tiempos inmemoriales. Os sentís más seguros detrás de una pared, encerrados en vosotros mismos y de esta forma rechazáis para no correr el riesgo de ser rechazados.

El temor de no ser acogidos reabre el dolor del rechazo porque el rechazo os dice que sois amados, y sentiros amados es lo que os hace sentir vivos... Por esto os resulta tan difícil querer en el momento del dolor... Y, sin embargo, en el estímulo del sufrimiento el Amor os llama para que encontréis su bálsamo sanador.

El bálsamo que es vuestro Consuelo interior. Si en esos momentos os acercáis a él, lo acogéis y le confiáis vuestro sufrimiento, no sólo secará vuestra lágrimas, sino que os llevará más allá del miedo, de la rebelión, más allá del rechazo que teméis, de la soledad, en un océano dorado de acogida. No hay Agua o detergente más puro que pueda limpiar vuestra llaga, e iluminar la oscuridad de vuestra necesidad de ser confortados por ese Amor, que os ama tanto que os deja ir a vuestras experiencias, pero que os abre los brazos sin pediros nada en cuanto volvéis a su corazón.

Ritual

Pensad en un o una conocida a la que nunca hayáis prestado mucha atención, que no hayáis nunca acogido de verdad. Tal vez en vuestro trabajo o en el vecindario.

Pensad con más detenimiento en esta persona, con el cariño que vuestro corazón sabe practicar tan fácilmente con los amigos. Pensad en un regalo para esa persona... ¿Se lo ofreceréis con la sencillez y la espontaneidad acogedora que vuestro corazón conoce?

44. Carpe ☙ Revelación

44. Carpe ☙ Revelación

Amáis a la Naturaleza... Amáis su belleza y en sus frecuencias detectáis una energía especial que entra en resonancia con las vibraciones de vuestro corazón y que os da tranquilidad... En la calma del alma encontráis los equilibrios interiores, la claridad mental, el fluido oleaje de calma en vuestros estados emotivos. Volvéis a sintonizar con la vida y con vosotros mismos. ¿Qué es este poder que emana de cada brizna de hierba que ondea suavemente en la brisa, de cada flor, de cada árbol, de cada cumbre montañosa y riachuelo... y que os hace subir en la escalera de la armonía? La Naturaleza no hace ruido: todas sus manifestaciones desprenden la vibración del Silencio; el Silencio que recibís y que escucháis con el oído del alma como una sacra Presencia que impregna todas las cosas y que, al mismo tiempo, las rige.

Los sonidos de la Naturaleza parecen un apacible respiro de gratitud en respuesta a su emanación, por la se deja impregnar sin resistencia alguna. También en el canto del agua que corre en un torrente, en el sonido del viento y en el crujido de las hojas; también en el salto del pez que rompe la placidez del lago, o el canto de los insectos, en el repentino grito de un animal percibís el Silencio... Más allá de cualquier sonido oís... He aquí el Poder que os otorga la calma, que impone armonía en el desorden de vuestras emociones, que elimina el roce estridente de vuestros pensamientos ordinarios que corren desembocados. Entonces recuperáis lucidez y claridad, los sentimientos más verdaderos y profundos. Cuando cada célula de vuestro cuerpo absorbe las vibraciones del Silencio sintonizando con él, vuestra Alma, vuestro diapasón Divino, emite un sonido de inefable belleza, y os convertís en pura armonía y pura hermosura... vuestro corazón la recibe y la reenvía hacia el todo con olas de amor, porque ésta es su naturaleza, y vuestra mente produce entonces espléndidos pensamientos elevados que abarcan la Creación. Ninguna criatura viviente emite los feos sonidos que llamamos ruidos, cuando hasta la más pequeña parte que la compone es absorbida por el Silencio. Sólo desprenden sonidos bonitos y benéficos, porque vibran de la armonía que ese poder infunde. También para vosotras, queridas criaturas humanas, es lo mismo. Pero en vuestras selvas de cemento el ruido es ensordecedor... El interior de vuestras casas es inundado por las continuas frecuencias de los trastos que utilizáis. Pensamientos perdidos cruzan sin cesar vuestra mente. Habéis «amordazado» la voz del Silencio en vuestro interior y el ruido, el estruendo incesante son el resultado. Lo teméis y os inquieta, porque su Poder sacude en vosotros «algo» que no queréis oír y «algo» que ya no sabéis escuchar.

Así, al igual que un niño que para no escuchar lo que no quiere se tapa los oídos con las manos, chillando, vosotros soltáis las bridas de vuestra mente para llenar el silencio con su charla incesante. Incluso cuando no habláis evitáis el silencio... Cuando os encontráis, y los momentos imprevistos de silencios os incomodan, enseguida buscáis algo que decir. No importa que se trate de banalidades. Y habláis sin cesar para cubrir el silencio que advertís como un vacío preocupante, una terrible nada. Pero no os dais cuenta de que ese miedo rebaja la profundidad y el valor de lo que decís y pensáis. No controláis las bridas de vuestra mente porque os habéis convertido en el caballo que arrastra el carro por los grises campos interiores de la desarmonía, del desorden y de la intolerancia. De esta forma no alcanzaréis la paz de la que vuestra alma está sedienta.

Y los sucedáneos de bienestar en las pausas de vacaciones que os concedéis tan sólo son breves intervalos en vuestro agotamiento interior, y a menudo reemplazan con otros ruidos los que intentáis evitar cuando no aguantáis más. Vuestra alma se alimenta de Silencio: lo necesita como vuestros pulmones necesitan el aire. Lo necesita porque en él encuentra la Paz que le es propia. Lo que teméis en el «vacío» del Silencio es tener que escuchar vuestras sombras interiores, las que denomináis «demonios». Y en realidad lo son, por el poder devastador que ejercen sobre vosotros. El Silencio los revela, los reconoce...Pero, como el más poderoso exorcismo, los expulsa cuando le hacéis sitio en vuestro interior.

No es ensordeciéndolos con vuestros ruidos que vuestros demonios, vuestras inquietudes, os dejarán, muy al contrario os debilitarán cada vez más, dejándoos agotados, sin fuerzas, porque vuestras células vitales ya no pueden vibrar de concierto con su Armonía Original.

Haced sitio en vuestro interior al Silencio: invitadlo en el Espacio Sacro de vuestro corazón. Tomad asiento tranquilamente a su lado para volver a acostumbraros poco a poco a su Presencia... El Templo interior en el que le habéis invitado está dondequiera que estéis, tanto en la tranquilidad de una cumbre montañosa como en el estruendoso tráfico de vuestros coches. Escuchadlo...

Escuchad el Silencio que hay en la pausa entre una inspiración y una espiración de vuestros pulmones, entre un latido y otro de vuestro corazón... y pronto oiréis que ese Silencio no está vacío, sino lleno de la gracia inefable de una Voz que resuena como el más suave riachuelo. Es el canto de la Vida, en vosotros como en cualquier otra criatura... Es el canto de Dios que vierte su dulce Agua para que bebáis... Amor, Felicidad, Sabiduría, Calma... En el instante que os empapáis de ella os convertís en esa misma Voz... Ésta es la Revelación... Todo lo demás... Todos los ruidos internos habrán desaparecido, y veréis todos los externos a la luz de los que se Revela en vosotros.

Entonces toda vuestra vida será transformada y el Silencio será vuestro compañero... y vosotros seréis los Reveladores de la Verdad que se Revela en vosotros.

Ritual

Elegid un día para dedicaros al silencio completo. Un día en el que cerrar todas las puertas a cualquier ruido: a palabras, teléfonos, televisión, lecturas, ordenador, música preferida. Será más fácil estando en la Naturaleza. Un día para escuchar.

No resultará sencillo si nunca lo habéis experimentado, pero tendréis que perseverar hasta el final del día, cuando el sueño cierre vuestros ojos. Podríais dedicar unos minutos cada día al silencio, al verdadero silencio, para alimentar vuestras almas. Poco a poco lo que viene a donaros despertará vuestras «sed» y podríais descubrir que sois divinamente insaciables. Esto es bueno, porque es una sagrada y sana sed del alma, que volvéis, un respiro tras otro, a experimentar.

Comprad una libreta donde anotar los pensamientos que, purificados, surgirán en vosotros. Descubrid las revelaciones que os alcanzarán y lo que estáis aprendiendo de ellas llevando nueva luz a vuestra vida de cada día. Cultivad y cuidad el Silencio en vosotros como el brote de vuestra flor más preciosa y querida...

Conclusión

Nuestra vida se compone de instantes, sin embargo no nos damos cuenta de ello. La repartimos más bien en ciclos de horas, días, años, marcados por los respectivos ritmos cotidianos y por acontecimientos que se suceden, a veces agradables, a veces dolorosos.

Nuestros instantes son preciosos, porque en ellos podemos encontrar el sentido de nuestro existir, en la conciencia del presente. Nuestro respiro está marcado por instantes: instantes inmensos como el Infinito, en los que cada inspiración y espiración son el tañido del instrumento interior que es el corazón y, a cada latido, tenemos la oportunidad de dar valor a lo que hacemos, pensamos, queremos... a quienes amamos.

Todos estamos aquí para intentar dar un sentido a nuestra vida en esta Tierra y cuando lo que vemos acontecer a nuestro alrededor pierde su significado, me doy cuenta que es muy difícil volver al corazón y acudir a su sabiduría, también para los que ya están recorriendo el camino interior hacia la Verdad de la existencia, y que por ello ya no dan marcha atrás, a pesar de todo, aunque a veces los ojos parezcan volverse ciegos, incapaces de ver con claridad el tramo siguiente de la carretera.

Se necesita voluntad, una gran voluntad, para no deprimir el corazón, para que no se llene de oscuridad, de pensamientos y sentimientos devastadores, para mantenerse, durante esa ceguera temporal, aferrados al hilo de Luz que nos guía por nuestro laberinto hasta el centro del corazón, donde tiene su origen la Luz que estamos buscando.

Vivimos tiempos de grandes cambios de la conciencia, todos lo vemos y sentimos en base a las ideas que de ello tenemos. Creo que la diferencia respecto al pasado de nuestra historia puede consistir en afrontar una iniciación que es al mismo tiempo personal y colectiva, cuya prueba consista en sabernos custodiar en nuestro corazón, en todo lo luminoso que hemos conseguido encontrar en ello, y librarnos de las manos a las que durante milenios hemos confiado nuestras acciones, para sentirnos protegidos de lo que, por el contrario, teníamos que afrontar para aprender a Vivir como auténticos Adustos.

Para conquistar nuestra Maestría no podemos seguir aplazando esta toma de conciencia, delegando en quien, aunque iluminado, queremos atribuir nuestra serenidad interior, acomodándonos en su benéfica aura, manteniendo nuestra inactividad infantil.

Un Maestro es una ventana abierta en el Cielo, puede enseñarnos el camino, puede librarnos de muchas de nuestras escorias, pero no puede llevarnos en brazos hasta allá arriba, porque nuestro destino es alcanzar la cumbre andando, marcando con nuestros pies las huellas de nuestra vida, de las opciones y acciones correspondientes al amor que su enseñanza ha dejado para nosotros como señal. También esta huella podemos verla como el hilo de Luz en nuestro laberinto. No es fácil en ciertos momentos, pro hemos venido aquí para crecer, no para quedarnos en un eterno estadio infantil de nuestra evolución. Estamos aquí para restablecer paso a paso la unidad de nuestra Familia de Luz, de la que cada uno de nosotros es un miembro.

Entre los demás conceptos con que podemos expresarla, la hermandad es podernos, y sabernos, enriquecer de la verdad que cada uno de nosotros ha reconocido en sí mismo, en el transcurso de su propia experiencia, intercambiando nuestra riqueza personal, sin sentirnos más alejados de una cátedra desde la que muchas veces pontificamos, mientras que otros prefieren en cambio que se la expliquen.

En la hermandad verdadera el individualismo ya no tiene sentido… Nuestra personal Maestría la completamos cuando nos unimos con nuestra Naturaleza Divina, cuando ya nada nos separa de ella, y en esta Unión nos hermanamos unos con otros, en el goce de Unidad de Ser e intenciones, en amoroso servicio al manantial de la Vida. Es la intención que nos ha traído aquí, en la Tierra, y contar con la compañía recíproca, en este camino nada fácil, debe sernos de ayuda y consuelo. Estamos caminando juntos…

La Belleza nos ayuda a reencontrar el Amor y el Amor nos ayuda a vislumbrar la Belleza allá donde a primera vista parece haber desaparecido. Lo cierto es que son lo mismo, como las alas de un Ser Celestial, expresiones ambas de su verdad y de su misterio inefable.

Cuando nos invade un sentimiento de amor, las primeras palabras que salen de nuestros labios para expresar la intensidad de lo que sentimos es «qué hermoso…». ¿No es así? Ello se debe a que esas alas vibran en nosotros en armonía, a que en nosotros late el Ser de Luz que las posee en sí. La Belleza de nuestra Madre Tierra es Su manifestación y cuando dejamos que nos llene nos sentimos más cerca de Su aliento.

Hemos cubierto de cemento nuestros caminos porque hemos cubierto de cemento nuestro corazón. Nos hemos alejado de la Madre Tierra porque nos hemos vuelto engreídos. La Belleza siempre ha sido para mí el «barómetro» del Amor, porque me permite reencontrarlo, dejarle sitio para que pueda penetrar de nuevo en mí cuando sufro, la emoción que nos aparta de Su contacto. Es como la bisagra que mantiene ambos sentimientos opuestos de alegría y tristeza suspendidos en los platos de la balanza de nuestra vida. Está vinculada al amor, al sentimiento, a la emoción y, como un lenguaje universal, sabe traducir y conectar entre sí los sentimientos que a menudo aparecen en nosotros tan opuestos, tanto que nos desconcierta ver cómo pueden convivir con nosotros.

Emociones opuestas, como la tristeza y la alegría, pueden avanzar codo a codo, predominando alternativamente en el corazón, como dos compañeros que caminando juntos se intercambian pensamientos y opiniones... Y, sin embargo, en cada uno de ellos hay Belleza, la misteriosa Belleza, reacia a mostrarse, dispuesta a dejarse captar por la sensibilidad de nuestra alma. Tanto en un día claro y soleado como gris y lluvioso, la Belleza se pinta a sí misma. La alegría o la tristeza por una u otra circunstancia sólo son el reflejo de los sentimientos, de las emociones que sabemos o no hallar en ellas. Su misterio eterno permanece, no obstante, indestructible, siempre presente y no sometido a lo que probamos de forma tan alternada. Puede que sea por ello que de golpe consigamos verla incluso en los momentos en que aparentemente nos hayamos alejado de ella. Intentemos imaginarlo... El cielo de repente se oscurece. El olor de lluvia impregna las moléculas del aire, llevando a nuestro olfato su intenso aroma de agua mezclada con tierra y hierba... Los truenos retumban desde las dunas de nubes, corriendo alrededor, como en una danza ritual. El resplandor viola de los relámpagos enciende, durante un puñado de segundos, la oscuridad... el tiempo entre un trueno y otro. Las gotas de lluvia empiezan a caer de las nubes recargadas que ya no logran retenerlas, como una risa o un aliento que tienen que estallar a la fuerza del pecho... La lluvia, golpeada por el viento, se trasforma en una espesa cortina que confunde los detalles de las cosas. Y sin embargo, cuánta Belleza... En nuestro interior se despiertan miedos ancestrales y las emociones se suceden: la necesidad de seguridad y protección se mezcla con la excitación de lo imprevisible, del riesgo.

Miedo y coraje danzan juntos en una unión paroxística e inexplicable... Tal vez sea porque estamos percibiendo el lenguaje de la Belleza que se manifiesta a pesar de nuestros miedos, tal vez nos sorprendamos a nosotros mismos, porque intuimos que en su universalidad parece susurrarnos que ella no se ocupa de lo que aflige nuestras mentes, que no está pendiente de nuestros conceptos de bien y de mal, de nuestra sabiduría o ignorancia... Ella nada tiene que ver con todo lo que la guarnimos para definirla o evocarla. Ella está allí, en todo momento y circunstancia, tanto cuando en el corazón se presenta un dolor como una alegría, porque es Una con el Amor, que a pesar de nuestros esfuerzos para comprenderlo y poseerlo, permanece allende los límites en los que encerramos la equivocada idea de nosotros mismos.

¿De veras podemos sorprendernos de nosotros mismos si logramos vislumbrar la Belleza, sentir el Amor incluso en los instantes en que sus opuestos parecen prevalecer en el mundo? ¿Asustados por esta especie de ambivalencia de sentimientos, porque nuestra cultura acepta más fácilmente Amor y Belleza en momentos de ausencia y sufrimiento? Creo que el corazón humano pueda probar una gran conmoción si experimenta sentimientos luminosos incluso cuando todo parece oscuro y desolador. Pero si conseguimos ir un poco más lejos, si conseguimos penetrar en la emoción de esta confusión, y aceptar que somos capaces de ver Amor y Belleza, a pesar de todo, tocamos en nosotros algo que va más allá del mundo y de la vida tal como las concebimos. Tocamos una zona que nunca nos atrevemos a mirar, sentir, encontrar: es la Verdad que vive en nosotros, en el centro inexplorado de la Conciencia de nuestro Ser Universal, el que está más allá de tiempo y espacio, de nuestro pasado, de nuestro ordinario presente, de nuestro futuro…

Cuando el velo se rompe es para nosotros como el más leve de los susurros que, al mismo tiempo, tiene la potencia de un grito cósmico, total, gigante… como el lloro de un recién nacido que absorbe el primer aliento en sus pequeños pulmones. Es algo que sobrepasa cualquier cosa que se haya solidificado en nosotros. Es rozar el corazón de la Fuerza que hemos llamado Dios, sintiendo el misterio de lo que es vibrar y ampliarse en nuestro centro de conciencia… Es un grito de alegría y dolor que se deshacen, como dos metales preciosos que se funden juntos para formar una nueva aleación, un nuevo elemento…

Dejarse llevar por las olas de este Océano que desgarra la memoria ofuscada de nuestra alma, nos sumerge en una beatitud indescriptible… La mente no sabe reconocer este Océano, al no poder racionalizar a su manera y entonces nos «protege» para salvarse a sí misma. Por esto sentimos ese miedo insondable que nos empuja a huir, para refugiarnos en nuestros tranquilizantes conceptos de bien y de mal. Volvemos a ella en el mundo de cada día. Nos entregamos a las formas de nuestras máscaras de ideas y juicios, nos revestimos con nuestras ideas de lo que es bueno para nosotros mismos. Y nuestro mundo se oscurece procurándonos sufrimiento, o bien se aclara ofreciéndonos instantes de serenidad mientras que nosotros, a cada instante, volvemos a mirar a nuestro alrededor buscando una salida.

Belleza y Amor viven en esa zona en nosotros que a veces tenemos el valor de tocar y en la que, otras veces, nos abandonamos, aunque por breves instantes... Construimos con una habilidad increíble (y que tendría que demostrarnos nuestras ilimitadas capacidades) una serie densa y sutil de compromisos con la Verdad que está en nosotros, nos contamos millones de nobles excusas para retardar nuestro despertar, y de los que nos servimos para dar un tibio confort a nuestra existencia cotidiana. Todos estos compromisos son como las arrugas de la corteza de un árbol, que se retuerce y anuda en sí mismo, buscando el camino del cielo, hacia el cual se propende con nuevas ramas en cada estación... En ciertos viejos árboles, en un momento de su existencia, se abre un agujero en su tronco. Por él es posible llegar hasta su corazón y mirar al otro lado, como a través de una pequeña ventana que se ha entreabierto. La Verdad es lo que puede verse a través de esa ventana, ese corazón, observando con atención, mientras las cosas cambian y muestran más detalles.

No hay nada más sencillo que observar... Sólo nuestra forma de mirar es lo que marca la diferencia: si observamos, o sea si miramos sin juzgar lo que cambia o lo que nos aparece; si no lo interpretamos en base a nuestras primeras impresiones, también nuestro actuar cambia en consecuencia. ¿Qué significa actuar? Cuando con la imaginación nos desplazamos desde donde estamos observando y nos dirigimos hacia la escena que estamos observando, entramos a formar parte de ella. Empieza entonces la danza de los encuentros junto con las cosas, de los contactos, intercambios, de las interacciones. Es inevitable. Cuando estamos en la escena lo que cambia produce un efecto inmediato de reacción en nosotros porque sentimos que hay que encontrar enseguida una nueva adaptación, un nuevo punto de equilibrio, que nos permitía seguir viviendo, posiblemente de la forma más agradable, más segura o cuanto menos no tan dolorosa.

Esta interacción entre nosotros y las cosas, entre nosotros y los demás es constante aunque no siempre nos demos cuenta de ello. Actuar entonces no es otra cosa que un cambio más... No podemos estar en la escena sin formar parte de ella, nos implica a pesar nuestro, como un actor que no puede evitar actuar en el drama que está representando. Lo único que podemos hacer es recordar que estamos observando la escena desde la famosa ventana de nuestro viejo árbol que, por fin, se ha abierto en el tronco, revelando nuestro mismo corazón, y que estamos observando, junto con todo el resto, también nuestro actuar y vivir en esa escena... Es la posibilidad de mirar y comprender la realidad y a nosotros mismos de forma más objetiva, menos estrictamente personal, y un gran ejercicio para nuestra conciencia.

A medida que reconocemos que el nosotros que observa es nuestro mismo Espíritu, nuestra realidad se transforma en base a Su visión. Descubriremos, en este ejercicio, que no siempre seremos tan ecuánimes, buenos observadores y buenos actores al mismo tiempo. Y que a veces para comprender mejor quiénes somos, estamos obligados a vivir personalmente las consecuencias de nuestras acciones, por tanto, también de nuestros errores de «guión» así como de los de los demás «actores» hacia nosotros. Y mientras la escena cambia sin cesar podemos mejorar aprendiendo a seguir las indicaciones de nuestro Apuntador, el Observador a cuya presencia nos estamos acostumbrando cada vez más.

Cuando despertemos, hasta recordar que la realidad es fruto del Observador, seremos capaces de «cruzar los muros» de nuestras actuales concepciones y, tal vez, volveremos a ser brillantes como la Estrellas o flameantes como los Ángeles... ¿Recordáis lo que estábamos imaginando? Ahora ha dejado de llover... Las nubes, ya vacías, se han disuelto, como copos de algodón deshilachados por manos invisibles. Las estrellas se encienden una tras otra, como flamitas azules en el cielo del atardecer. La tarde perfumada por el temporal anuncia una noche de calma. Estamos aquí, envueltos en el manto de esta Belleza, con la mirada que redescubre el estupor. Con el corazón que una brisa suave hace sonar como un arpa eólica... Todo el mundo con sus angustias ha dejado de existir... El tiempo y el espacio están aquí ahora, en este presente en el que la Belleza, el Amor y la Armonía son el latido de las cosas, de cada criatura, son su Verdad...

El canto de los grillos acompaña la escena que Madre Universo pinta para nosotros en todo el firmamento, en las galaxias y en los innumerables mundos que nuestro corazón puede sentir... Llegan las luciérnagas, trayendo el cuento de las estrellas del cielo en el respiro quedo de la Tierra.

Este aliento de Paz, desde aquí, desde la Belleza que nos está llenando, consuela y envuelve el resto del mundo que todavía no se da cuenta que tiene su felicidad antes sus ojos... ¿Será mañana un claro día soleado?

«Encontrarás más en los bosques que en los libros,
los árboles y las rocas te enseñarán
las cosas que ningún Maestro te dirá».

SAINT BERNARD DE CLAIRVAUX (1090-1153)

Índice